编辑委员会名单

中国地方社会科学院学术精品文库·浙江系列

中国地方社会科学院学术精品文库·浙江系列

产业升级的银行支持

Bank Support for Industrial Upgrading

●沙虎居　陈　刚　吴晓露 / 著

社会科学文献出版社
SOCIAL SCIENCES ACADEMIC PRESS (CHINA)

本书由浙江省省级社会科学学术著作

出版资金资助出版

本研究受浙江省社会科学院第二批特色学科
"发展经济学"支持

打造精品　勇攀"一流"

《中国地方社会科学院学术精品文库·浙江系列》序

　　光阴荏苒，浙江省社会科学院与社会科学文献出版社合力打造的《中国地方社会科学院学术精品文库·浙江系列》（以下简称《浙江系列》）已经迈上了新的台阶，可谓洋洋大观。从全省范围看，单一科研机构资助本单位科研人员出版学术专著，持续时间之长、出版体量之大，都是首屈一指的。这既凝聚了我院科研人员的心血智慧，也闪烁着社会科学文献出版社同志们的汗水结晶。回首十年，《浙江系列》为我院形成立足浙江、研究浙江的学科建设特色打造了高端的传播平台，为我院走出一条贴近实际、贴近决策的智库建设之路奠定了坚实的学术基础，成为我院多出成果、快出成果的主要载体。

立足浙江、研究浙江是最大的亮点

　　浙江是文献之邦，名家辈出，大师林立，是中国历史文化版图上的巍巍重镇；浙江又是改革开放的排头兵，很多关系全局的新经验、新问题、新办法都源自浙江。从一定程度上说，在不少文化领域，浙江的高度就代表了全国的高度；在不少问题对策上，浙江的经验最终都升华为全国的经验。因此，立足浙江、研究浙江成为我院智库建设和学科建设的一大亮点。《浙江系列》自策划启动之日起，就把为省委、省政府决策服务和研究浙江历史文化作为重中之重。十年来，《浙江系列》涉猎领域包括经济、哲学、社会、文学、历史、法律、政治七大一级学科，覆盖范围不可谓不广；研究对象上至史前时代，下至21世纪，跨度不可谓不大。但立足浙江、研究浙江的主线一以贯之，毫不动摇，为繁荣浙江省哲学社会科学事业积累了丰富的学术储备。

贴近实际、贴近决策是最大的特色

学科建设与智库建设双轮驱动，是地方社会科学院的必由之路，打造区域性的思想库与智囊团，是地方社会科学院理性的自我定位。《浙江系列》诞生十年来，推出了一大批关注浙江现实，积极为省委、省政府决策提供参考的力作，主题涉及民营企业发展、市场经济体系与法制建设、土地征收、党内监督、社会分层、流动人口、妇女儿童保护等重点、热点、难点问题。这些研究坚持求真务实的态度、全面历史的视角、扎实可靠的论证，既有细致入微、客观真实的经验观察，也有基于顶层设计和学科理论框架的理性反思，从而为"短、平、快"的智库报告和决策咨询提供了坚实的理论基础和可靠的科学论证，为建设物质富裕、精神富有的现代化浙江贡献了自己的绵薄之力。

多出成果、出好成果是最大的收获

众所周知，著书立说是学者成熟的标志；出版专著，是学者研究成果的阶段性总结，更是学术研究成果传播、转化的最基本形式。进入20世纪90年代以来，我国出现了学术专著出版极端困难的情况，尤其是基础理论著作出版难、青年科研人员出版难的矛盾特别突出。为了缓解这一矛盾和压力，在中共浙江省委宣传部、浙江省财政厅的关心支持下，我院于2001年设立了浙江省省级社会科学院优秀学术专著出版专项资金，从2004年开始，《浙江系列》成为使用这一出版资助的主渠道。同时，社会科学文献出版社高度重视、精诚协作，为我院科研人员学术专著出版提供了畅通的渠道、严谨专业的编辑力量、权威高效的书稿评审程序，从而加速了科研成果的出版速度。十年来，我院一半左右科研人员都出版了专著，很多青年科研人员入院两三年就拿出了专著，一批专著获得了省政府奖。可以说，《浙江系列》已经成为浙江省社会科学院多出成果、快出成果的重要载体。

打造精品、勇攀 "一流" 是最大的愿景

2012 年，省委、省政府为我院确立了建设 "一流省级社科院" 的总体战略目标。今后，我们将坚持 "贴近实际、贴近决策、贴近学术前沿" 的科研理念，继续坚持智库建设与学科建设 "双轮驱动"，加快实施 "科研立院、人才兴院、创新强院、开放办院" 的发展战略，努力在 2020 年年底总体上进入国内一流省级社会科学院的行列。

根据新形势、新任务，《浙江系列》要在牢牢把握高标准的学术品质不放松的前提下，进一步优化评审程序，突出学术水准第一的评价标准；进一步把好编校质量关，提高出版印刷质量；进一步改革配套激励措施，鼓励科研人员将最好的代表作放在《浙江系列》出版。希望通过上述努力，能够涌现一批在全国学术界有较大影响力的学术精品力作，把《浙江系列》打造成荟萃精品力作的传世丛书。

是为序。

张伟斌

2013 年 10 月

目　录

第一章
导 言

　　虽然全球金融危机已过去多年，但世界经济仍在缓慢的复苏之路上艰难前行。在世界经济走势前景不明之际，全球经济重振成为世界性的焦点问题。当前，全球经济再平衡不断推进，新产业革命初露端倪，世界各主要经济体在反思其发展模式后，纷纷抛出新的发展战略。如 2009 年 11 月，美国总统奥巴马在一场演说中指出，美国经济要从过去维系在金融信贷之上的高消费模式，转向出口推动和制造业推动的成长模式。此后，美国政府又提出出口倍增计划、制造业促进法案等一系列相关政策。美国的这一系列行动及政策被称为再工业化。与此同时，西欧各国也纷纷出台了再工业化计划和政策。2008 年 9 月 8 日，英国政府公布一项新的振兴国家制造业的战略计划。2010 年 9 月，法国政府在"新产业政策"中明确将工业置于国家发展的核心位置，提出了法国必须进行再工业化，并计划到 2015 年把法国的工业生产量在现有基础上提高 25%。2010 年，西班牙也制定了再工业化援助政策，预计至 2015 年将制造业占 GDP 比重由 12%提高至 18%。特别是德国推出工业 4.0 战略，德国工业 4.0 战略的根本目标是通过构建智能生产网络,推动德国的工业生产制造进一步由自动化向智能化和网络化方向升级。此次一些欧美国家所掀起的再工业化,远非过去意义上的恢复和振兴传统的制造业,而是在一次工业化基础上的二次工业化。其本质上是通过产业升级,使工业重新拥有强大竞争力,并用新一轮技术革命的成果引领和改造其他产业,尤其是新能源、信息、生物、医疗、环保、海洋和空间等新兴产业。正如联合国贸易和发展组织发布的《2012年世界投资报告》指出,全球将进入空前的创新密集和产业振兴时代。尤其需要警惕的是,自特朗普上台后,美国竭力推出"产业回迁"和减税方案,一旦税改方案通过,将加速全球产业竞争格局,调整我国产业升级将面临更严重的"纵向挤压"。中国经济在经过多年的高速增长,特别是21世纪头十年的超高速增长(年均增速达10.48%)后,从2011年起经济增速一路下滑(2011年为9.3%,2012年为7.7%,2013年为7.7%,2014年为7.4%,2015年为6.9%,2016年为6.7%),现在进入了(新常态)中高速增长的档位,未来20年到30年,中国如能继续保持中高速增长,就能跨入高收入国家行列,对于中国这样一个大国,意义非同一般。产业经济学有这样一个理论,经济的发展来自经济的转型与产业升级。金融是产业升级的"中枢",商业银行融资创新为产业提供多元化的优质服务,把实体经济成本降下来才能加快产业升级。我们期待通过当前正在进行的新一轮改革来推动产业升级,驱动经济增长,实现中国经济的升级版。

第一节　产业升级和银行支持的研究的背景

经过近40年改革开放,中国的社会主义现代化建设取得了举世瞩目的巨大成就。2010年中国GDP达到58790.61亿美元,首次超过日本成为世界第二大经济体，根据国际货币基金组织统计显示 2016 年中国 GDP 更是高达 11.22 万亿美元，超出日本 6.28 万亿美元之多，是其 2.27 倍。在实现经济总量快速增长的同时，结构性矛盾已逐渐成为影响中国经济发展的主要障碍，这其中除了因爆发国际金融危机、出口市场大幅降速以外，最主要的原因是 21 世纪前 10 年 GDP 超高速增长带来的经济失衡问题严重，付出的资源环境代价过大，产能过剩行业较多，居民收入占 GDP 比重过低和收入差距过大，居民消费对 GDP 拉动作用下降，不可持续的问题越来越突出。特别自 2008 年全球金融危机以及欧洲债务危机以来，世界各国都不约而同地把调整经济结构（主要是调整产业结构）作为应对危机、走出困境，保持经济持续增长的主要手段和途径。纷纷实施再工业化战略，如美国提出"美国制造业行动计划"，欧洲推出"未来工厂计划"等。这些工业化国家的再工业化，绝不是传统工业化道路的重复和回归，而是通过寻找新的科技创新战略支撑点，加快突破先进制造技术——"第三次工业革命"来驱动制造业发展，进而促进经济长期稳定发展。

发达国家的再工业化对我国的工业化进程形成了巨大的挑战。再工业化主要表现为以制造业信息化和服务化为核心特征的现代制造技术和先进制造业的发展，这将导致直接从事生产制造的人数的减少，逐步实现少量"现代知识型员工"对大量"传统简单劳动者"的替代，我国制造业长期以来基于劳动成本低所形成的竞争优势会加速弱化。不仅如此，发达工业国家不仅通过技术创新和品牌优势占领价值链的两端，还可以通过现代制造技术来提高制造环节和制造产业的生产效率，再加之制造业服务化趋势又会固化发达国家在高端服务业上已有的优势，从而使得发达国家能够形成整个产业链的竞争优势，这为发达国家重塑制造业和实体经济优势提供了机遇，我国原有的赶超发达国家的产业发展路径可能被封堵。

发达国家的再工业化也是倒逼我国产业转型升级的新机遇。一方面，发达国家再工业化迫使我国制造业总体发展战略必须从基于要素的低成本战略转向基于创新的差异化战略，从而推进产业转型升级。一直以来，我国制造业的发展得益于劳动力、资金和环境等要素的低成本的比较优势，导致了我国的产能过剩以及要素市场的扭曲，阻碍了我国产业的转型升级和制造业的创新发展。"第三次工业革命"加剧了这种低成本的工业化道路的不可持续性，迫使我国的工业发展战略必须通过创新来形成新的竞争优势，从而实现产业转型升级。

另一方面，发达国家的再工业化会催生新的制造系统和生产设备产业的发展，这些产业的发展又会带动信息、新材料等新的产业门类的出现和增长，从而为我国战略性新兴产业的培育和发展创造很好的机会。发达国家再工业化还及时为我国产业转型升级带来启示。再工业化加快了制造业和服务业深度融合的趋势，二、三产业的界限日趋模糊化，这意味着我国过多强调提升服务业所占比例的产业结构调整方向和产业政策导向需要重新审视，需要从制造业和服务业的内在衔接关系角度入手，围绕如何提升我国制造复杂工业品能力来制定我国服务业发展战略。①

进入 21 世纪以来中国政府一直着眼全球产业结构调整和发展趋势，先后出台了《国民经济和社会发展第十一个五年规划纲要》（2006 年）、《十大产业调整振兴规划》（2009 年）和《关于加快培育和发展战略性新兴产业的决定》（2010 年），调整振兴十大重点产业，大力促进七大新兴战略产业以及节能减排和循环经济的发展；党的十八大报告更是明确指出，推进经济结构战略性调整是加快转变经济发

---

① 黄群慧：《倒逼我国产业转型升级》，人民网，2014 年 1 月 8 日。

展方式的主攻方向，必须以改善需求结构、优化产业结构、促进区域协调发展、推进城镇化为重点，着力解决制约经济持续健康发展的重大结构性问题。党的十九大对产业升级提出了更高的要求：促进我国产业迈向全球产业价值链中高端，培养若干世界级先进制造业群体。由此可见，产业结构的调整升级问题不仅是外部环境的倒逼，也是我国实现经济可持续发展的内在要求。因此，能否尽快促进和实现产业结构的调整升级，成为保持国民经济持续快速健康的关键。

第二节　产业升级和银行支持的研究意义

世界经济发展史表明，一个国家的经济发展总是在产业结构由低级向高级的不断演进过程中实现的，而在历次产业结构的演进变化中，金融都发挥了极其重要的作用。18 世纪 60 年代第一次工业革命中，英国的金融市场成功地推动了其新兴产业的发展，正如 1972 年诺贝尔经济学奖获得者约翰·希克斯（John Hicks, 1969）[①] 所述的那样，"工业革命不得不等候金融革命"。他认为工业革命时期英国金融市场的发达使得流动性风险得以减轻，这是工业革命发生于英国的重要原因。也正是金融的发展促成了产业发展所需的资本积累，最终才使技术进步的作用在产业结构调整中得以发挥，从而成功实现工业革命。在 19 世纪六七十年代第二次工业革命中，尽管很多技术发明在欧洲出现，但几乎所有与此相关的新兴产业都是在美国得以崛起发展，其中一个重要原因就是美国有发达的金融市场体系。同样，日本在二战后迅速崛起，实现了产业结构的快速升级调整也是得益于"主银

---

① 姜海川：《从世界强国崛起看金融革命对经济的引领作用》，《中国金融》2006 年 5 月 1 日。

行"体制的金融改革成功。20世纪末美国的信息技术革命带来了"新经济"的成功，也主要得益于其资本市场上二板市场和创业投资体系的成功发展。

我国的金融体系一直以来都是典型的银行主导型。虽然我国在1990年11月26日和1990年12月1日先后建立了上海和深圳两家证券交易所，证券市场也因此得到了很大的发展，但是到目前为止，我国直接融资市场仍不发达，绝大部分金融资源仍然依靠银行系统作为媒介进行汇集和配置。所以商业银行的信贷业务对经济发展和实现产业结构转型升级起着至关重要的作用。商业银行信贷结构引导着产业资源的分配结构，通过组织社会闲散资金，银行引导资金投向，实现资源配置结构的再调整，从而调整产业结构，促进经济结构的优化。经济结构、产业结构以及由此引起的信贷结构调整既是商业银行发展的重要业务，也构成了商业银行的一大挑战。因此，研究商业银行支持产业结构转型升级的信贷策略以及商业银行自身信贷结构的调整就具有极为重要的现实意义。

另外，产业结构升级调整的本质是一个资金的部门流向问题。因为无论是改善产业间的比例，还是提高产业结构的质量；无论是采取以投资倾斜为主的增量调整，还是采取以资源再配置为主的存量调整，都离不开资金，而资金的流动在现代经济条件下更多地要通过金融活动来完成。金融作为经济发展的助推器，可以减少信息交易成本、提高储蓄—投资转化率、改善经济运行环境，金融活动直接影响着产业结构升级调整的水平和速度。因此可以说，金融是保证产业结构调整、促进产业结构升级的直接推动力。

第二章
产业升级与银行支持相关理论

第一节 产业升级理论

工业化国家的经验表明，经济成长不仅表现为总量和人均量的长期增长趋势，还表现为产业在静态上的结构性特征和动态上的演化特征，通常称之为产业结构升级或者产业优化。综合国内外关于产业升级的理论研究，学者们大概遵循这样三种研究思路：产业结构调整、产业链升级和产业集群升级。

一 从产业结构调整的视角研究产业升级

（一）国外相关理论研究综述

若以三次产业划分为对象，产业升级又可理解为产业结构调整。最早注意到产业结构演变规律的是 17 世纪英国经济学家威廉·配第，他第一次发现世界各国的国民收入水平差异，及其形成不同的经济发展阶段，其关键在于产业结构的不同。他在《政治算术》一书中，比较了英国农民的收入和船员的收入，发现后者是前者的 4 倍。他认为，工业的收入要比农业高，而商业的收入又比工业高。这说明，工业比农业，服务业比工业，具有更高的附加值。这一发现，被称为配第定理，这一定理，第一次揭示了产业结构演变和经济发展的基本方向。[①]但由于时代的局限性，配第未能发现产业结构的变动和人均国民生活水平的内在联系。英国经济学家科林·克拉克，于 1940 年在其《经济进步的条件》一书中，按照三次产业分类法，以若干国家在时间推移中发生的变化为依据，分析了劳动力在一、二、三次产业间移动的规律性。[②] 他指出：随着经济的发展，国民收入水平的提高，劳动力首先从第一产业向第二产业移动；当人均收入水平进一步提高时，劳动力便向第三产业移动。劳动力在产业之间的分布状况是：第一产业比重不断减少，第二产业和第三产业将顺次不断增加。劳动力在不同产业之间流动的原因，在于不同产业之间收入的相对差异。由于克拉克的研究，只是验证配第的发现，因此，这一研究成果，就称作"配第-克拉克定理"。

配第-克拉克定理：在于反映劳动力分布变化，从而揭示产业结构变化，是比较正确的。但是，在运用时需要注意三个前提。第一个前提：克拉克在考察劳动力在产业间移动时，用的是三次产业分类法，即将全部经济活动划分为第一次产业、第二次产业和第三次产业。第二个前提：克拉克在考察劳动力在产业间移动时，是以若干国家劳动力分布随时间推移而发生的变化为依据的，时间的推移实际上意味着经济在不断地发展。换句话说，时间推移与人均国民收入水平的逐步提高，是相对应的。第三个前提：克拉克是从劳动力、各产业间的分布变化来看三次产业结构的，这实际上是用劳动力指标的变化来看三

---

① 〔英〕威廉·配第：《政治算术》，马妍译，中国社会科学出版社 2010 年版。
② 〔英〕科林·克拉克：《经济进步的条件》，华夏出版社 1978 年版。

次产业结构演变的。事实上，还可利用其他指标来看三次产业结构变化。

库兹涅斯：产业结构变动趋势分析。库兹涅斯在克拉克定理基础上，同时考察了国民收入与劳动力随产业结构发展的规律：在工业化前期，第一产业的劳动力与国民收入的比重较大，并开始转移到第二产业和第三产业；在工业化中期，第二产业成了财富的主要创造者；到工业化后期以后，第三产业则成为经济发展的主体。库兹涅茨利用统计学的原理，对产业结构变动与经济发展的关系进行了全面考察，考察了总产值变动和就业人口变动的规律。他指出：如若按照人口平均的产值较低的组距内（70～300美元），农业部门的份额显著下降，而工艺和服务业部门的份额则相应地大幅度上升，但其内部的结构比例变化不大；如若按照人口平均的产值较高的组距内（300～1000美元），农业部门的份额与非农业部门份额之间变动不大，但非农业部门内部的结构发生变化。这种产业结构变动，受人均收入变动影响的理论，被称为"人均收入影响理论"。因而得出的结论是：（1）农业部门带来的国民收入占总收入的相对比重不断下降，同时劳动力在总劳动力中的相对比重也处于不断下降之中，并且前者下降的幅度较大、速度较快。毫无疑问，第一产业的相对国民收入必然是要低于二、三产业的。因此，在大多数国家中农业劳动力会依然保持不断减少的趋势。（2）相对于劳动力的相对比重则大体不变，工业部门的国民收入的相对比重则呈上升趋势。（3）服务部门的劳动力相对比重的上升趋势是普遍性的，而国民收入的相对比重则保持着大体不变，且略有上升的走向；而从时间的角度看，服务部门的相对国民收入则呈一般性的下降趋势。在服务部门中，部门劳动力在总劳动力中的比重上升最快的是科技、教育和政府部门。

霍夫曼定理：德国经济学家霍夫曼在 1931 年出版的《工业化的阶段和类型》一书中，收集了近 20 个国家经济发展的时间系列数据，对工业化进程中的产业结构演进问题进行了开创性研究，提出了著名的霍夫曼定理（又称"霍夫曼经验定理"），即在工业化进程中霍夫曼比例（消费资料工业的净产值与资本资料工业的净产值之比）是不断下降的。根据霍夫曼比例，可以把工业划分为 4 个发展阶段。霍夫曼认为，在工业化的第一阶段：消费品工业的生产在制造业中占主导地位，而资本资料工业的生产，在制造业中是不发达的，霍夫曼系数约为 5±1.5；第二阶段：资本资料工业快速发展，劳动力和机械需求不断增加，消费资料工业发展则较为缓慢，霍夫曼系数下降为 2.5±1；第三阶段：在这个阶段，资本资料工业规模继续迅速增长，与消费资料工业的生产规模大致相当，霍夫曼系数达到 1±0.5；第四阶段：霍夫曼系数固定在 1 以下甚至更小，这时资本资料工业生产占主导地位，基本上实现了工业化。

钱纳里工业化阶段理论：钱纳里从经济发展的长期过程，考察了制造业内部各产业部门的地位和作用的变动，揭示了制造业内部结构转换的原因，即产业间存在着产业关联效应，为了解制造业内部的结构变动趋势奠定了基础。他通过深入考察发现，制造业发展受到人均 GNP（国民生产总值）、需求规模和投资率的影响较大，而受工业品和初级品输出率的影响较小。他进而将制造业的发展分为三个发展期：经济发展初期、中期和后期；将制造业也按三种不同的时期，划分为三种不同类型的产业，即 A. 初期产业，是指经济发展初期对经济发展起主要作用的制造业部门，如食品、皮革、纺织等部门；B. 中期产业，是指经济发展中期，对经济发展起主要作用的制造业部门，如非金属矿产品、橡胶制品、木材加工、石油化工煤炭制品等部门；

C. 后期产业，是指在经济发展后期起主要作用的制造业部门，如服装和日用品、印刷出版、粗钢、纸制品、金属制品和机械制造等部门。不同经济发展阶段的不同产业，具有不同的特点和理论总结，被称为钱纳里工业化阶段理论。

罗斯托主导产业扩散效应理论和经济成长理论：20 世纪 70 年代以后，美国经济学家罗斯托以技术变化流引起的动态生产理论为基础，对西方国家经济增长进行了研究分析，发现在任何特定时期，国民经济不同部门的增长率存在着广泛的差异。罗斯托认为，无论在哪个时期，甚至在一个已经成熟并继续成长的经济体系中，经济增长之所以能够保持，是因为为数不多的主导部门迅速扩大的结果，而且这种扩大又产生了对产业部门的重要作用，即产生了主导产业的扩散效应，包括回顾效应、旁侧效应和前向效应。罗斯托的这些理论被称为罗斯托主导产业扩散效应理论。罗斯托在他的《经济成长的阶段》一书中通过分析经济史料，将经济社会的发展过程分为 6 个阶段，得出了世界经济和历史普遍的经济成长与发展的一般模式，即人们所说的经济成长阶段论。他通过研究各国经济发展效率之中存在的差异，发现了经济增长过程中存在着某种行业部门，在每个阶段，甚至在一个比较成熟并继续成长的发展阶段中，都存在一些能够带动其他产业结构发展的部门，并称这些部门为行业领头羊，从而描绘出经济成长阶段的依次更替与部门依次变化之间的关系。罗斯托同时认为，经济之所以能够发展，正是这些在产业部门中占主导地位的行业迅速扩大的结果。这种扩大作用是通过主导行业部门的扩散效应，包括前项效应、旁侧效应和回顾效应来实现的。主导行业部门正是通过所表现出的这三种效应的产业结构关联作用，使其带动的作用远远超过其本身发展的作用，并能在整体上带动一个国家和地区经济的全面增长。罗斯托对产业结构优化升级的系统性研究，奠定了产业结构优化升级的理论基础。[①]

赤松要雁行形态理论：1932 年，日本经济学家赤松要针对日本当时是个"后进国"，提出了产业发展的"雁行形态论"。他认为，由于资源与市场的约束，应将本国产业发展与国际市场紧密结合，向工业化国家输出消费性商品，而从工业化国家输入工业设备进行替代性生产，从而带动国内其他相关产业的发展。他认为产业结构演进的一个重要趋势就是与国际市场相适应。一个国家经济发展需要有完善的内贸和外贸相结合的全方位的产业结构。对此他提出了一个著名的"雁行形态理论"[②]。他认为后起的工业化国家可以通过研究开发新产品培育国内市场；出口产品，开拓国际市场；输出技术和设备，在外地生产和销售；市场饱和，促使新产品开发四个阶段来加速本国工业化进程。

日本经济学家筱原三代平，他基于 20 世纪 50 年代日本为实现赶超战略梦想，在产业结构方面进行了大量的研究，并撰写了《产业结构论》一书，首次对产业结构如何优化升级进行了研究，明确提出了两个基准条件，"收入弹性基准"和"生产率上升率基准"。他认为，产业结构优化升级应率先在生产率上升快的主导产业中优化升级。他又认为，在人们收入水平不断提高的过程中，应优化升级需求增长快的产业作为龙头产业或主导产业。此理论是以非均衡发展理论作为经济增长的理论基础，这对 20 世纪 60 年代日本政府制定的产业结构规划提供了重要的理论依据。[③]

---

① 〔美〕罗斯托：《经济成长的阶段》，国际关系研究所编译室译，商务印书馆 1962 年版。
② 〔日〕筱原三代平：《产业结构论》，中国人民大学出版社 1990 年版。
③ 〔日〕筱原三代平：《产业结构论》，中国人民大学出版社 1990 年版。

（二）国内相关研究综述

20 世纪 80~90 年代，国内学者主要是介绍、学习和评价国外产业结构优化升级理论和产业结构政策，而产业结构优化升级在经济层面的研究是在 1996 年以后。为加快我国工业化进程，国家提出的"九五"计划后一段时期内要大力发展石化、汽车工业，振兴机电及建筑业这四大产业结构之后，各省份和市、县在制定"九五"计划过程中，也纷纷提出产业结构调整的各自产业结构优化升级目标，自此以后也激发了学者们对产业结构优化升级理论研究的热情。我国学者结合经济发展和产业结构调整等问题，对产业结构的优化升级进行了积极的探索。

周振华在他的《现代经济增长中的结构效应》①一书中考察了产业结构变动对经济增长的作用及其实现机制。他摒弃了传统经济增长理论模型中从总量角度研究生产函数并分析各种要素的做法，从产业结构角度分析经济增长的机制，揭示产业结构状态及其变动对于经济增长的决定性影响。他通过对于产业结构和经济增长之间的现象，在分析和归纳的基础上提炼出了"结构效应"的理论假说，从而揭示了结构效应在经济增长过程中产生作用的方式和途径。他还提出产业结构和经济增长之间的关系用技术创新的桥梁嫁接起来，指出："技术创新会引发劳动生产率的提高并推动国民经济的增长，但技术创新只能是在某些部门先出现，并会通过结构关联效应来带动其他部门的发展。"这也证明了结构效应对于经济增长的作用。

郭克莎提出了他对我国产业结构存在的问题的看法，他指出我国第二产业比重过高而第三产业过低，由于三次产业的资源配置格局的局限，导致三次产业的相对劳动生产率差距过大；针对以上问题，他

---

① 周振华：《现代经济增长中的结构效应》，上海人民出版社 1995 年版。

提出控制工业部门扩张，加快第三产业发展的意见，并着重强调，三次产业产出结构的调整，不仅仅要靠产业内部的体制变革的推动，更要靠投资结构的推动。同时他指出了社会资源在各产业之间的有效流动和配置，也是产业结构调整促进经济增长的重要举措之一。另外，由于中国产业结构的变动状况较大程度地偏离了钱纳里和塞尔昆等西方学者通过观察很多国家发展历程而得出的"标准结构"。郭克莎认为这种偏离将会对经济的发展造成不良的影响，尤其是中国第三产业发展的滞后，迫切地需要国家制定政策，以压制工业发展为代价也要大力扶持第三产业的发展。[1]

张世贤在是否以遏制工业发展为代价发展扶持第三产业上和郭克莎有不同的意见。他认为这种偏差是符合中国自身发展的特点的，不能以牺牲相对效率较高的工业来促进相对效率较差的第三产业。他坚持效率应当是产业结构优化的基础，在工业资本边际效率远高于第三产业的前提下，不应该放弃工业投资的增长率，反而应当加以追求。同时针对产业结构和经济增长之间的关系，他指出工业产值增长就是要以优化升级结构为目标，只有这样，身为发展中国家的中国才能跨越"工业化"这一"卡夫丁峡谷"，才能为第三产业的需求和市场打下基础并促进第三产业的高效增长。[2] 蒋昭侠针对我国当时产业结构所存在的产业之间结构不协调、产业素质低下、结构重组与存量调整障碍重重、产业规模结构不合理且组织结构水平低、地区产业结构严重趋同等主要问题提出了自己的观点。他将彻底进行产权改革、建立真正的市场经济体制视为解决对策，以促进经济更好地发展。[3] 刘志

---

[1] 郭克莎：《我国产业结构变动趋势及政策研究》，《管理世界》1999 年第 5 期。

[2] 张世贤：《工业投资效率与产业结构变动的实证研究　兼与郭克莎博士商榷》，《管理世界》2000 年第 5 期。

[3] 蒋昭侠：《我国产业结构的分析及合理化调整思路》，《中州学刊》2004 年第 5 期。

彪、安同良通过研究中国历年产业结构的变动率，从而揭示了钱纳里"经济增长是生产结构转变的一个方面"的规律在我国的适用性。并指出了产业结构转变的速度和其管理效率对于影响经济增长的作用。[①]刘伟、李绍荣认为在一定技术条件下，产业结构和经济增长拥有互为因果的作用。产业结构在一定意义上决定了经济的增长方式。通过实证分析，刘伟指出对于中国经济最具拉动作用的产业，除建筑业外几乎全是第三产业的部门，得出制度改革和第三产业会决定性地拉动过往中国经济增长的结论；他们同时指出，相比第一、二产业对经济规模的正效应，第三产业往往会起到反方向的作用。第三产业的发展必须以第一、二产业的发展为前提，为了最终获得长期稳定的经济增长，必须提高第一、二产业的效率。[②] 江小涓认为产业结构优化升级推动了经济的持续增长。正因为我国（各地方）产业结构中存在的自主创新能力不足，资源消耗偏高和服务业发展相对落后等问题，所以产业优化升级对于经济增长的推动作用在某些地区并不明显。她对于如何解决这些问题，实现加快推进产业结构优化的节奏的目标也提出了相应的政策建议，如"增加科技创新领域的经济投入，增强重要战略领域的自主创新能力，加强重要的基础产业和相关基础设施建设，对第三产业从政策上给予优惠和积极引导，并在加快第三产业发展的同时继续发展劳动密集型产业"[③]。谭顺福认为从长期的角度看，我国产业结构和经济增长之间有着共同的随机变动趋势，因而在我国通过调整和优化产业结构将会有效控制经济增长。他还通过分析我国产业结构的生产结构不合理、地区发展不协调等不合理的表象，强调了我国产

---

①　刘志彪、安同良：《中国产业结构演变与经济增长》，《南京社会科学》2002 年第 1 期。

②　刘伟、李绍荣：《产业结构与经济增长》，《中国工业经济》2002 年第 5 期。

③　江小涓：《产业结构优化升级　新阶段和新任务》，《财贸经济》2005 年第 4 期。

业结构调整的重要性。① 黄茂兴从省域发展的角度指出，省域经济增长是与其产业结构优化升级密切相关的，而技术选择效果又直接影响到产业结构升级。因此应针对不同省域的经济、技术的发展水平以及待选技术系统在省域内能力储量的积累程度来选择合适技术。② 汪浩、沈文星认为产业结构与经济增长有着非常密切的关系，产业结构的调整是经济增长永恒的主题。不同的产业结构会对经济增长产生不同的影响，而不同的经济增长速度又对产业结构产生不同的需求。并预测了三次产业的一个发展趋势：第二产业、第三产业将快速增长，第一产业占国内生产的比重将继续下降。总的来说，第三产业比重将超过第一产业，第二产业份额也会有所扩大。③

二 以产业链的视角研究产业升级

（一）国外相关理论研究综述

在国外，产业链的思想最早来自 17 世纪中后期西方古典经济学家亚当·斯密关于分工的论断。其著名的"制针"和"毛纺"的例子就是对产业链功能的生动表述。亚当·斯密在《国富论》④ 中写道，"生产一种完全制造品所必要的劳动，也往往会由许多劳动者承担"。这种产业链仅指企业把外部采购的原材料和零部件，通过生产和销售等活动，传授给零售商和用户的过程。因此，早期的产业链主要局限于制造业内部活动，关注的是企业自身资源的利用。马歇尔后来把分工扩展到企业与企业之间，强调企业间分工协作的重要性，此后被学者们称为产业链理论的真正起源。1958 年赫希曼在《经济发展战略》一

---

① 谭顺福：《中国产业结构的现状及其调整》，《管理世界》2007 年第 6 期。
② 黄茂兴：《技术选择、产业结构升级与经济增长》，《经济研究》2009 年第 7 期。
③ 汪浩、沈文星：《产业结构与经济增长关系的实证检验》，《统计与决策》2010 年第 24 期。
④ 〔英〕亚当·斯密：《国富论》，章莉译，译林出版社 2012 年版。

书中从产业前后相联系的角度论述了"产业链"的概念。不过上述这些理论更多的是从宏观层面讨论劳动分工专业化对经济发展的意义。随着价值链、供应链等理论的兴起和运用，产业链的研究相对弱化。但是，从产业链发生与发展的实际情况来看，价值链和供应链理论对产业链理论研究起到了关键的导向作用，成为丰富产业链研究的理论基础。①

　　20 世纪 80 年代以来，众多学者相继提出价值链理论。1985 年哈佛商学院教授迈克尔·波特在其《竞争优势》一书中指出："每一个企业都是在设计、生产、销售、发送和辅助其产品的过程中进行种种活动的集合体。所有这些活动可以用一个价值链来表明。"企业的价值创造是通过一系列活动构成的，这些活动可分为基本活动和辅助活动两类，基本活动包括内部后勤、生产作业、外部后勤、市场和销售、服务等；而辅助活动则包括采购、技术开发、人力资源管理和企业基础设施等。这些互不相同但又相互关联的生产经营活动，构成了一个创造价值的动态过程，即价值链。价值链管理强调企业应该从总成本的角度考察企业的经营效果，而不是片面追求单项业务活动的优化，通过对价值链各个环节加以协调，可增强整个企业的业绩水平。波特分析了一般企业的价值链构成，提出了基本的价值链结构模式（如图 1-1 所示）。

　　波特在《竞争优势》中，还突破企业的界限，将视角扩展到不同企业之间的经济交往，提出了价值系统概念，这是全球价值链概念的基础。在价值链的组成中，供应商具有创造和发送用于企业价值链之中外购投入的价值链，即上游价值。许多产品在到达顾客手里之前需要通过销售渠道的价值链，即渠道价值。企业的产品最终会成为其买

---

　　① 〔美〕赫希曼：《经济发展战略》，曹征海、潘照东译，经济科学出版社 1991 年版。

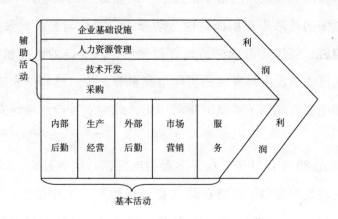

图 2-1 企业活动价值链示意

方价值链的一部分，即顾客价值。这样，从上游价值到买方价值形成一个完整的价值系统。波特的"价值链"理论揭示，企业与企业的竞争，不只是某个环节的竞争，而是整个价值链的竞争，而整个价值链的综合竞争力决定企业的竞争力。用波特的话来说："消费者心目中的价值由一连串企业内部物质与技术上的具体活动与利润所构成，当你和其他企业竞争时，其实是内部多项活动在进行竞争，而不是某一项活动的竞争。"①

寇伽特（1985）出版的《设计全球战略：比较与竞争的增值链》中，用价值增值链来分析国际战略优势。寇伽特认为："价值链基本上就是技术与原料和劳动融合在一起形成各种投入环节的过程，然后通过组装把这些环节结合起来形成最终商品，最后通过市场交易、消费等最终完成价值循环过程"，"在这一价值不断增值的链条上，单个企业或许仅仅参与了某一环节，或者企业将整个价值增值过程都纳入

---

① 〔美〕波特著《竞争优势》，陈小悦译，华夏出版社 2005 年版。

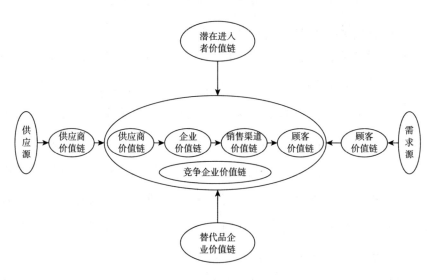

图 2-2　价值链系统

了企业等级制的体系中"。① 寇伽特还认为，国际商业战略的设定形式
实际上是国家的比较优势和企业的竞争能力相互作用的结果。当国家
的比较优势决定了整个价值链条各个环节在国家或地区之间如何配置
的时候，企业的竞争能力就决定了企业应该在价值链条上的哪个环节
和技术层面上倾其所有，以便确保竞争优势。他也把价值增加链表述
为一个过程，即厂商把技术同投入的原料和劳动结合起来生产产品、
进入市场、销售产品的价值增值过程。在这一过程中，单个厂商或许
仅仅参与了某一环节，或者厂商将整个价值增值过程都纳入了企业等
级制的体系中，厂商的各种活动与技术都会同其他的公司发生联系。
与波特强调单个企业竞争优势的价值链观点相比，这一观点比波特更
能反映价值链的垂直分离和全球空间再配置之间的关系，因而对全球
价值链观点的形成至关重要。

―――――――――

① 张辉：《全球价值链理论与我国产业发展研究》，《中国工业经济》2004 年第 5 期。

　　格里芬等（1994）在对美国零售业价值链研究的基础上，将价值链分析法与产业组织研究结合起来，提出全球商品链分析法。在经济全球化的背景下，商品的生产过程被分解为不同阶段，围绕某种商品的生产形成一种跨国生产体系，把分布在世界各地不同规模的企业、机构组织在一个一体化的生产网络中，从而形成了全球商品链。格里芬等人认为全球商品链应该包括以下内容："通过一系列国际网络将围绕某一商品或产品而发生关系的诸多家庭作坊、企业和政府等紧密地联系到世界经济体系中；这些网络关系一般具有社会结构性、特殊适配性和地方集聚性等特性；任何一种商品链的具体加工流程或部件一般表现为通过网络关系连接在一起的节点或一些节点的集合；商品链中任何一个节点的集合都包括投入（原材料和半成品等）组织、劳动力供应、运输、市场营销和最终消费等内容。"格里芬等还区分了两类全球商品链：采购者驱动型和生产者驱动型。采购驱动型商品链是指大型零售商、经销商和品牌制造商在散布于全球的生产网络（特别是奉行出口导向的发展中国家）的建立和协调中起核心作用的组织形式。① 采购者驱动型全球商品链是通过非市场的外在调节而不是直接的所有权关系建立高能力的供应基地来构建全球生产和分销系统，如沃尔玛、家乐福等大型零售商，耐克、锐步等品牌运营商和伊藤忠式贸易代理公司等跨国公司控制的全球生产网络。生产者驱动型商品链是指大的跨国制造商在生产网络的建立和调节中起核心作用的垂直分工体系。在生产者驱动链中，制造先进产品如飞机等的制造商不仅获得了更高的利润，控制了上游的原料和零部件供应商、下游的分销商和零售商。通过比较生产者驱动型全球商品链中的非市场外部协调

---

① 张路阳、石正方：《基于价值链理论的外国光伏产业动态演进分析》，《福建论坛》2013年第2期。

和传统的垂直一体化企业的内部协调，格里芬指出了生产者驱动在促进商品链中各国产业共同进步的重要作用。

格里芬（1995）强调全球商品链有四个部分必须要注意：投入-产出的结构，地域性，治理结构，制度框架。投入-产出结构研究认为价值链是按照价值增值活动的序列串联起来的一系列的流程；地域性或地方性的研究指出由于跨国公司和采购商纷纷将核心竞争力领域以外的环节外包，价值链中的各个环节超越了国家界限，分散到世界上不同的国家或地区，因此形成了真正的全球生产体系；治理结构的研究则认为价值链是由相互联系的各环节组成的具有特定功能的产业组织，链条治理者对链条进行统一组织、协调和控制；制度框架方面的研究，主要是指国内和国际制度背景（包括政策法规、正式和非正式的游戏规则等）在各个节点如何对价值链产生影响。

（二）国内相关理论研究综述

我国专家学者基于产业链升级的思路也进行了诸多研究，从产业链的内涵、形成、构建、优化与整合进行了积极探索。

1. 关于产业链的内涵

"产业链"一词最早出现在 1985 年姚齐源、宋伍生发表的《有计划商品经济的实现模式——区域市场》① 一文中，他们指出：根据对未来市场的长期预测和宏观信息的准确把握，确定区域在一定阶段取得最大利益的战略目标，选择实现这一目标的战略重点（产业链）及相应的结构调整方向，编制相互协调的产业链发展规划，制定相关的技术、经济政策，确定调节各类市场的杠杆作用方案，提出行政干预和监督的各种区域经济法规，最后以各种形式和渠道将它传入各类市

---

① 姚齐源、宋伍生：《有计划商品经济的实现模式——区域市场》，《天府新论》1985 年第 3 期。

场之中。姚齐源、宋伍生所使用的"产业链"的概念与今天的"产业链"概念已有了很大不同，其内涵有了很大的发展。

从产业关联关系的角度，杨公朴、夏大慰认为："在经济活动的过程，产业之间存在着广泛的、复杂的和密切的技术经济联系，各产业依据前、后向的关联关系组成了产业链。产业链的实质就是产业关联，产业关联的实质就是产业相互之间的供给与需求、投入与产出的关系。"① 简新华等认为产业链就是产业的前向、后向的关联关系。② 张耀辉认为产业链是自然资源不断从上游向下游产业转移到达消费终端的产业层次。③ 龚勤林认为产业链是产业部门间基于技术经济关联关系，依据特定的逻辑和时空布局形成的链条式关联形态。④ 赵绪福认为产业链是基于技术经济内在联系的前后有序的相关产业部门的集合。⑤

从分工的角度，周路明认为产业链是以产业内部分工和供需关系为基础的产业生态图谱。⑥ 刘刚认为产业链是建立在价值链基础上的处于不同产业的企业之间的供给与需求关系。⑦ 蒋逸民认为产业链是一种不同节点企业间分工协作形成的制度安排。⑧

从价值链的角度，杨公朴、夏大慰认为："产业链是同一产业内所有具有追加价值关系的活动所构成的价值链关系。"芮明杰、刘明宇认为："产业链描述的是厂商内部和厂商之间为生产最终交易的产

① 杨公朴、夏大慰：《现代产业经济学》，上海财经大学出版社 2002 年版。
② 简新华、杨艳琳：《产业经济学》，武汉大学出版社 2002 年版。
③ 张耀辉：《产业创新的理论探索：高新技术产业发展规律研究》，中国计划出版社 2002 年版。
④ 龚勤林：《论产业链构建与城乡统筹发展》，《经济学家》2004 年第 3 期。
⑤ 赵绪福：《产业链视角下中国纺织原料发展研究》，博士学位论文，华中农业大学，2005。
⑥ 周路明：《关注高科技"产业链"》，《深圳特区科技》2001 年第 11 期。
⑦ 刘刚：《基于产业链的知识与创新结构研究》，《商业经济与管理》2005 年第 11 期。
⑧ 蒋逸民：《关于农业产业链管理若干问题的思考》，《安徽农业科学》2008 年第 22 期。

品或服务所经历的增加价值的活动过程，它涵盖了商品或服务在创造过程中所经历的从原材料到最终消费品的所有阶段。"[①] 吴金明、邵昶认为产业链是从上游到下游产业环节由供需链、企业链、空间链和价值链有机结合形成的链条。[②]

从战略联盟的角度，蒋国俊、蒋明新认为产业链是指在产业集聚区内，具有较强竞争的企业与相关产业中的其他企业结成的一种战略联盟关系。[③] 李心芹、李仕明认为产业链是在一定区域内以具有竞争力的企业为链核，与相关产业的企业以产品、技术、资本等为纽带结成的具有价值增值功能的战略关系链。刘贵富认为，产业链是以产品为对象，以投入产出为纽带，以价值增值为导向，以满足用户需求为目标，依据特定的逻辑联系和时空布局形成的上下关联的、动态的链式中间组织。[④]

从生产工艺流程的角度，郁义鸿认为产业链是指自然资源通过若干环节的生产加工成为终端产品所构成的生产链条。汪先永等认为："产业链是在生产商品或提供服务的过程中增加价值。"[⑤]

2. 关于产业链的形成

关于产业链的形成研究成果较少。蒋国俊研究了产业聚群区内产业链的形成，认为产业链形成的动因：一是国内外市场竞争激烈；二是顾客需要灵捷反映其需求；三是社会压力较大；四是产业链具有突出的点。龚勤林在研究区域产业链构建时认为，市场机制和计划机制

① 芮明杰、刘明宇：《产业链理论整合述评》，《产业经济研究》2006 年第 3 期。
② 吴金明、邵昶：《产业链形成机制研究－"4+4+4+4"模型》，《中国工业经济》2006 年第 4 期。
③ 蒋国俊、蒋明新：《产业链理论及其稳定机制研究》，《重庆大学学报》2004 年第 1 期。
④ 李心芹、李仕明：《产业链结构类型研究》，《电子科技大学学报》（社会科学版）2004 年第4 期。
⑤ 刘贵富：《产业链基本理论研究》，博士学位论文，吉林大学，2006。

都是产业链的形成机制，产业链形成是市场自发行为和政府自觉行为的有机统一。产业链形成有三条途径："一是若干具有专业化分工属性的产业部门在地域空间上相对集中，各个专业化性质较强的产业部门基于拓展市场联系和降低交易费用的考虑，从不同的起点走向联合，逐步集结成为某种形式的共同体。这种共同体是同一地域空间范围内若干产业部门的链式集结；二是分别落点于不同经济地域的各层次专业化产业部门基于提升产业竞争力和加强其前向、后向关联关系的考虑，突破地区边界限制，走向链式一体化；三是某一发育比较成熟、产业部门相对齐备的产业在市场需求拉动下衍生出的若干新兴产业部门，逐环相扣而形成的链条式关联集群。"[1] 龚勤林的研究突破了蒋国俊所认为的产业链形成机制的企业供需层面，认为产业集群与产业集聚是形成区域产业链的必要非充分条件。

3. 关于产业链的构建

关于产业链构建的研究稍多。陈福民对玉米产业链进行研究，提出了延伸玉米产业链的途径和方法。赵绪福、王雅鹏从农业产业化经营的目标、宗旨、实现方式、经营绩效四个方面研究了农业产业链培育，认为应通过不断拓展和延伸产业链、使农民进入产业链、协调产业链主体之间关系及培养具有竞争力的龙头企业等方式来加强对产业链的构建。王艺、王耀球从价值链的视角把农业产业链分解为辅助价值链、基本价值链和可拓展价值链，从而据此提出构建新型农业产业链的思路。龚勤林认为构建产业链包括接通产业链和延伸产业链，构建产业链的目的是接通断环和孤环，以及衍生新的产业链环，通过产业迂回增加产业链附加价值。周新生认为：产业链打造最主要的内容是产业链伸展的方向和范围，既是横向同业伸展，也是向上、下游纵

---

[1] 龚勤林：《论产业链构建与城乡统筹发展》，《经济学家》2004 年第 3 期。

向伸展，还是按相关业务作延伸。张明林认为，我国农业产业化经营面临着明显的约束条件，提出了我国在产业化进程中农业产业链的成长受四个要素的作用：需求引导、技术进步、企业管理和交易费用，这四个要素是农业产业链成长的重要、关键要素。陈朝隆依据对产业链环节的起源、产业环节链接关系、发展路径等的研究，提出了三种区域产业链构建模式：内生拓展、引进配套、环节嵌入。李杰义认为，农业产业链存在"中断现象"，农民在农业产业链中获益较少；提出了构建农业产业链就要在工农之间建立公平合理的利益分享机制，保障农民受益；提出了修补区域农业产业链中的断环与短链的区域农业产业链构建思路。

4. 关于产业链的优化与整合

芮明杰在《论产业链整合》中系统地研究了产业链的知识整合，提出了产业链的知识整合、价值模块整合与产品整合的三维度模型，并在野中郁次郎 SECI 模型的基础上，引入动态知识价值链，构建了一个新的知识创新模型，深化了对模块化体系中产业链知识整合机制的认识。他将产业链理解为一个知识体，从知识角度研究了产业链分化整合的机理，探讨了产业链整合过程中知识共享的动力机制、模块创新机制、知识创造机制，以及产业链整合的组织模式，并分析了具有创新外部性的模块化产业链的政策规制要点。[①] 这一系列理论研究，丰富和更新了产业链理论，有助于进一步明确政府和企业承担的知识管理责任，促进产业升级，提升产业竞争力。胡少华[②]以江苏雨润食品集团公司为案例对农业产业链整合进行了研究。张琦、孙理军从价值链、供应链理论的发展出发，在产业链的构架下，分别从三链（价

---

① 芮明杰：《论产业链整合》，复旦大学出版社 2006 年版。
② 胡少华：《"雨润特色"：低成本扩张、产业链整合与全程质量控制》，《现代经济探讨》2002 年第 11 期。

值链、供应链和产业链）的维度剖析了"产业价值链"的概念和内涵，并在此基础上构建了通过优化资源的配置来实现最经济、最具效率的产业价值链运行的优化的数学模型。刘贵富在分析产业链组建过程模型的基础上，提出了通过产业链重构、产业链打造、产业链整合来提升产业链。张利庠、张喜才对农业产业链的整合进行了研究，提出了农业产业链的整合模式。吴彦艳提出对产业链的薄弱环节进行整合以提高产业链的整体运行效率，通过由点到线，由线到面，再由面到网的全方位整合，提高产业链的整体竞争力。

三 以产业集群的视角研究产业升级

国内外对于产业集群的研究主要从以下几个方面进行：经济学家通过外部经济、专业化分工、交易成本、知识溢出等理论来分析产业集群的形成机制及创新竞争力；社会学家则从社会关系网络、社会文化环境的视角对产业集群组织进行研究；地理学家则强调经济空间、社会空间、地理空间的集聚对产业发展的影响以及对区域经济发展的作用。

（一）国外产业集群理论研究综述

产业集群升级研究的理论基础来源于集群成长理论。众多的集群理论家都认为集群的成长呈现明显的阶段性特征，具有代表性的有以下三种阶段划分理论。第一种是集群生命周期理论。克鲁格曼（1991）、波特（1998）、斯旺（1998）都认为企业集群的成长过程存在某种生命周期形态，存在一个从出生到死亡的过程。一个典型的集群成长周期大体包括集群形成、持续增长、饱和与转型、衰退、死亡或复兴成长等五个阶段。Tichy G.（1998）借鉴弗农的产品生命周期理论，从时间维度考察了产业集群的演进，并将集群生命周期划分成诞生阶段、成长阶段、成熟阶段、衰退阶段：（1）诞生阶段：产品的产生和开发阶段，产品和生产过程还没有标准化，企业最初聚集在一起进行产品生产，集群内企业基于信息网络、分工协作以资源共享所产生的聚集经济获得竞争优势。（2）成长阶段：集群发展迅速，增长率高，但也可能使得集群没有压力去创新，而往往只集中资源于最畅销的产品，并以日益增长的速度和规模扩大生产。集群内的资源（知识、信息、技能等）会日益集中，更多投入主导产业（或产品）中。（3）成熟阶段：生产过程和产品走向标准化，企业追求大规模生产，注重成本控制，本地同类产品企业间竞争加剧，利润下降。这个阶段，群内企业对专业技能和知识的学习和转化减少，产品技术含量降低，产品出现雷同现象，存在"过度竞争"的威胁。（4）衰退阶段：形容这一阶段集群中企业大量退出，只有少量新进入者。产业集群进入衰退阶段最重要的标志是失去对市场的灵活反应，缺少应变的内源力。从产业集群生命周期特征来看，产业集群在诞生阶段一般基于"聚集经济"所形成的竞争优势，但这种优势在进入成熟期开始削弱。产业集群生命周期理论表明，并不是所有集群都能保持长期的竞争力，产业集群会由于外界和内部的力量丧失其竞争地位，会走向衰败。保持企业集群竞争优势，延长企业集群生命周期这必然要求在集群成长的各个阶段及时进行升级。

意大利著名产业集群理论家布诺梭（1990）提出的两阶段模型被认为是第二种产业集群成长阶段理论。他的模型是根据对产业集群进行干预的时间先后划分的，认为产业集群是自发的组织。布诺梭认为第一阶段产业集群自发成长，无政府干预。当产业集群发展到一定规模后，政府或当地行业协会开始干预产业集群的成长，向产业集群提供多种多样的实体服务。这一阶段称为产业集群成长的第二阶段。

第三种产业集群成长阶段理论是荷兰经济学家范迪克提出的基于进化理论的五阶段成长模型：地理区位型集群、贸易集散地型集群、劳动分工型集群、创新型集群、功能齐全的工业区（M. P. van Dijk, 1997）。他对发展中国家的企业集群进行了长期研究，尤其对印度、秘鲁以及非洲国家的一些企业集群做过实地调研而得到的五阶段成长模型，并认为马歇尔式的工业区是产业集群进化的最高阶段，这样的产业集群具备自我调整能力，成为长寿型的组织。

上述三个模型各有特点，生命周期理论描述了产业集群成长所具有的高潮和低谷的周期性特点；布诺梭的两阶段论说明了产业集群在自发发展后，干预对于其发展的意义。范迪克的进化理论基于发展中国家产业集群发展的研究和实证，从经济发展的角度定义了集群发展从低级向高级进化的特点，对于发展中国家发展产业集群实践具有借鉴意义。可以看出第一种模型和第三种模型强调了产业集群发展阶段的自发性，而第二种模型则强调了干预对产业集群成长的重要意义。但是这三个理论仅仅从集群发展现象的描述总结角度定义产业集群发展的阶段性，没有说明不同阶段如何升级，以及升级的具体方法。

将产业集群成长划分为不同阶段，使产业集群升级研究找到路径。产业集群成长的从低级向高级阶段的演变过程从某种程度上说是一种产业集群升级。产业集群升级可以看作生命周期曲线的上升阶段。但是产业集群升级不仅仅是通过产业集群的成长演变得到的，其手段和形式是多样的。

与产业集群升级研究不能割裂的是产业集群成长，产业集群成长的动力机制是研究集群升级的力量源泉。从技术、营销与管理三个方面展开，集群成长的动力主要有创新驱动［集群创新动力在于知识外溢效应（克鲁格曼，1991）］、市场驱动（依靠国内市场和国际市

OEM、ODM 等拉动产业集群成长和升级）和学习驱动（组织学习与组织能力起关键作用）。产业集群成长的创新驱动和学习驱动机制也可以看作产业集群升级的动力源泉，产业集群升级也是受到内部创新、学习需求的驱动。对于产业集群成长的市场驱动机制也可以看作产业集群升级的外部动力，还可以归纳为全球化的影响、全球价值链（GVC）的嵌入和治理等。

研究产业集群升级也绕不开对产业集群竞争力的研究。关于产业集群竞争力方面的研究观点主要有：因素观点，此观点认为各要素的质量水平决定了产业集群竞争力的强弱，因而强调质量导向。波特将产业集群看作一个整体，其竞争力取决于四个相互关联的因素：企业战略结构和竞争者、需求状况、相关的支持产业、要素状况等。结构观点：包括横向结构和纵向结构，横向结构观点认为，集群内企业间存在生产、市场、技术、采购、基础设施等方面供应链上的正式关系和竞争，也存在基于声誉、友谊的相互依赖的共赢合作关系，因此产业集群是拥有经济属性、社会属性和自学习属性的网络组织（Ahuja，2000）。而纵向结构观点（如曼努埃尔，2001）则认为，产业集群竞争力具有企业层面、集群层面、国家层面的竞争力的综合。斯塔默（2003）将产业集群竞争力扩展为微观层次、中观层次、宏观层次和兆观层次。能力观点（琳恩等，2000）认为，产业集群竞争力就是集群的能力，主要体现为产业集群的创新能力。产业集群竞争力体现了集群升级的必要性和迫切性，既是产业集群升级的基础，也是产业集群升级的最终目的。产业集群竞争力的研究为升级研究奠定了基础。

关于产业集群升级的形式，一种观点从竞争力角度考察认为集群升级有三种形式：产品、效率、生产环节。波特和开普林斯基考察了发展中国家，认为要保证集群在从事贸易中对劳动和资本的收益获得竞争力的最佳办法就是升级——制造更好的产品、更有效率地生产，或移动到更具技能的环节（波特，1990）。另一种观点认为有四种升级方式。开普林斯基和莫里斯（2001）从价值链升级的角度谈集群的升级，认为集群升级主要有四种类型：过程升级、产品升级、功能升级和链的升级。过程升级是指通过重新组织产品系统或引入高技术，增加投入产出水平；产品升级是指新产品的研发、采用更复杂的产品线、比竞争对手更快的质量提升；功能升级是指接受新功能或放弃旧功能，提高技能；链的升级是指移向新的、价值量高的相关产业价值链。从上述的关于升级方式的研究可以看出，无论是三种升级方式还是四种升级方式，他们表达的内容是大致统一的，都认为产业集群升级的形式有生产更复杂的产品、有效率地生产和转移到新的高附加价值的生产环节，只是内容的分类不同。

对于产业集群升级的途径，产业集群理论中提到的集群升级有两种形式：一种是本地区集群内通过企业间及机构联系加强，提高组织程度和努力程度而升级；另一种是嵌入全球价值链中促进升级。但对这两种升级途径的详细描述中，学者们多数集中在将集群内企业发展与世界联系，从全球价值链的中端向两端移动，即从低附加价值的生产制造向高附加价值的设计、营销等方面移动，以获得更多价值增值，并通过全球价值链治理而实现集群升级。

贝路斯与阿堪基里（1998）认为由产业集聚而形成的正式/非正式网络是当代产业经济的新特征，随着新技术的采用，他们代表了集群发展的新形式。产业集群升级的内部途径就是要通过集群内企业个体间的努力和组织化程度的提高，通过不断加强企业和其他机构的合作网络和人际关系网络，发挥集群网络的作用，促进集群的升级。

关于产业集群升级研究的外部途径主要是通过加强与外部联系，

嵌入全球价值链来达到集群升级。价值链治理研究的先驱格里芬认为，根据全球价值链上主导企业的不同，产业集群嵌入方式可以分为嵌入购买商驱动的价值链和嵌入生产商驱动的价值链两种。汉弗莱和施米茨则根据全球价值链上不同主体间权力对称的程度把全球价值链治理模式分为四类：科层型、市场型、网络型、准科层型。相应的，产业集群的嵌入途径也有四种：（1）科层嵌入：全球价值链上的主体是控制与被控制的关系，产业集群是通过企业并购或被并购的方式嵌入全球价值链的；（2）市场嵌入：产业集群通过货币交易的形式嵌入全球价值链，如产业集群内企业通过国际贸易方式，直接把货物销售到海外市场，从而成为全球价值链中的一环；（3）网络嵌入：产业集群内企业由于具有全球价值链上其他行为主体所需要的互补优势而嵌入，价值链上各方权力对称，但也经常通过非价格机制对一些活动展开协调；（4）准科层嵌入：一方行为主体凭借自身某些优势成为全球价值链中的主导者，其他行为主体则处于从属地位，例如产业集群内企业通过 OEM（俗称贴牌生产，Original Equipment Manufacturing），ODM（自主设计和加工，Own Design and Manufacturing）等方式嵌入全球价值链。

根据产业集群融入全球经济时所凭借的优势来源，开普林斯基和米瑞斯认为产业集群的嵌入途径可以分为低端道路型和高端道路型。低端道路嵌入是指产业集群以低工资、低技术、高污染、高消耗为代价参与国际市场竞争的方式，它较少考虑环境成本，也不注重职工福利的提高，还有可能逃避纳税，因此，这种方式是和可持续发展的思想背道而驰的。而高端道路嵌入是指产业集群通过不断的技术创新，改革产品的生产工艺，增加产品的附加值来嵌入全球价值链。显而易见，随着国际竞争环境的变化，通过低端途径发展的产业集群注定是困难重重，必须逐渐升级到高端途径才能获得光明前景。

2003 年以来，联合国工业发展组织（LJNIDO）连续公布了一系列关于全球工业发展状况的研究报告。学者们分析了发展中国家传统产业集群在生产、贸易和企业战略方面的转变，认为这些产业集群和企业可以通过嵌入全球价值链实现升级。但是它们大都嵌入了购买商驱动型全球价值链，即全球价值链上的主导企业在垂直一体化的生产体系内，不断扩展全球外包业务，使自己渐渐处于高端的设计和营销环节，而将低端的生产制造环节转移至其他发展中国家。这种状况一方面加剧了行业内竞争，但另一方面也带来了企业边界的不确定和全球利益的再分配，使发展中国家产业集群有机会沿着全球价值链攀升，从而实现升级。

（二）国内产业集群理论研究综述

2004 年以来，国内文献中陆续出现了关于产业集群升级的研究。学者们围绕着产业集群升级的原因、策略和措施等进行了较为广泛的探讨。

1. 产业集群升级的含义

虽然目前关于产业集群升级的论述日益增多，但至今仍然没有一个关于产业集群升级的明确、统一的定义，只是有少数学者从自己的研究需要出发对其内涵进行了一些界定。如梅丽霞[①]提出产业集群的升级应包含技术能力、创新能力、外部关联、社会资本和创新系统升级等五个方面的内容。陈晓涛[②]认为，产业集群升级就是通过技术创新来改变现有产业集群结构或创造全新产业集群的过程。产业集群升级既包括从传统型产业集群向高新技术产业集群的转变，也包括集群

---

① 梅丽霞：《基于全球价值链视角的制造业集群升级研究》，硕士学位论文，北京大学，2005。
② 陈晓涛：《产业链技术融合对产业生态化的影响》，《科技进步与对策》2007 年第 3 期。

内产业间从生产低附加值产品向高附加值产品、从低加工度产品向高
加工度产品升级。

2. 产业集群升级的原因

关于产业集群升级的原因，我国学者认为原因主要来自两个方
面：一是为避免产业集群衰退，必须实现其升级。当产业集群所在区
域的经济环境发生了重大变化，集群内核心产业的生产能力和产量下
降，竞争力减弱时，集群会发生衰退，此时就必须就用新兴集群替代
原有的集群实现升级。冉庆国、黄清认为，产业集群发展到一定阶段
后，由于外部环境的改变和内部矛盾的积累，集群的竞争优势逐渐丧
失，就会出现衰退性发展，集群一旦进入衰退期，创新能力和价值获
取能力减弱，逐渐发展为封闭的系统，要复苏就比较困难，所以要想
避免衰退，在集群建立之初，就应该培育持续的竞争优势，实现集群
的升级发展。[①] 王帅力等认为，产业集群是一个具有耗散结构的系统
自组织形式，必须通过与外部环境进行能量和物质的交换来维持内部
稳定的自组织结构。当外部环境发生变化时，产业集群系统要经过相
应变化阶段才能适应新的外部环境，因此，集群必须适时升级。二是
要改变我国产业集群的"逐底"和"锁定"现象，产业集群必须及时
沿着全球价值链向高端升级。学者们认为我国凭借廉价的土地、资源
和劳动力优势在新一轮国际产业转移中成为全球制造业中心，因此，
国内现有大量专业化产业集群是建立在低成本优势基础上的，在价值
链中大都定位于价值量很低的生产环节，只能获得较低的附加值，面
对激烈的全球竞争，产业集群的低层次终将使其竞争优势难以持续。[②]
如顾强认为，我国的产业集群基本上是劳动密集、低技术含量和出口

---

① 冉庆国、黄清：《产业集群的衰退原因及其升级研究》，《商业研究》2007 年第 3 期。
② 王帅力、单泪源：《我国制造业自主创新体系模式分析——以深圳企业为例》，《湖南科技
学院学报》2006 年第 6 期。

导向型的，进一步发展将面临越来越严峻的挑战，必须促进我国产业集群在全球价值链中加速升级。[①] 詹霞认为我国产业集群的创新能力不足，价值获取能力低下，随着低成本优势向南亚国家转移和人民币的持续升值，产业集群在全球价值链中的升级迫在眉睫。[②]

3. 产业集群升级的途径

一是通过集群网络治理来实现升级。张景华[③]认为，要想更好地发挥集聚效应，从根本上提高产业集群的竞争力就必须做好产业集群内部的网络关系治理，提高网络的成熟度，从而实现产业集群的升级。具体措施有：（1）加强产业集群网络内各行为主体之间的有效联系；（2）提升产业集群网络的集体学习能力；（3）培育组织文化和规范制度，增强产业集群内的关系网络弹性；（4）增加社会资本存量，提升社会资本；（5）适时嵌入全球价值链，推动产业集群的全面升级。张杰、刘冬认为，社会资本锁定是现阶段产业集群升级的一个重要障碍，它使产业集群锁定在低级化的产业结构和低端化的价值链难以升级。因此，有利于重复市场交易行为的硬件设施、法制政策软环境的改善与企业、个人征信系统的建立都可促进信任水平的提高与变迁，同时也为产业集群升级提供了解困之道。[④]

二是通过嵌入全球价值链来促进产业集群升级。张辉是国内较早将产业集群置于全球价值链视角进行研究的学者。2004 年，他以浙江平湖光机电产业为例，分析了全球价值链中产业集群的特点。2005 年他又进一步根据全球价值链各价值环节在空间分离跨度的大小，将价

① 顾强：《促进我国地方产业集群在全球价值链中加速升级》，《宏观经济研究》2007 年第 4 期。
② 詹霞：《基于全球价值链视角的地方产业集群升级对策》，《企业经济》2007 年第 8 期。
③ 张景华：《创新网络视角下的产业集群升级》，《工业技术经济》2009 年第 3 期。
④ 张杰、刘东：《我国地方产业集群的升级路径：基于组织分工架构的一个初步分析》，《中国工业经济》2006 年第 5 期。

值环节的空间分离分为跳跃式布局和蔓延式布局两类，并从这两个角度出发，构建了全球价值链中产业集群升级的基本模式。[①] 王立军也认为，全球化背景下，产业集群一般是全球价值链片断化的结果，产业集群要积极嵌入全球价值链，并沿着全球价值链不断升级。但是，近年来，也有学者提出了不同的意见。[②] 王益民等[③]认为战略意图型集群（即全球生产网络中的供应商群体为了维持或强化长期的协作关系，追随旗舰企业或按照其战略意图在特写的地理区位组建供应链形成的产业集群）中存在"升级悖论"：沿着全球价值链中产品—技术路径的升级速度越快，当地隐含性知识的生成就越困难，产业联系就越有可能被弱化，提升区位能力所需要的长期稳固基础也就难以建立，在此背景下，当地产业集群升级机会就越少。

三是综合方式。在探讨产业集群升级的过程中，另有一些学者认为，单独依靠产业集群网络治理或单独依靠嵌入全球价值链都可能会使产业集群跌入陷阱，达不到升级的目的，因此，他们纷纷提出应该将集群网络治理和加强外部联系两个方面结合起来。如王缉慈认为，产业集群升级至少应包含三方面内容：（1）培育专有要素，在已经出现的和正在出现的产业集群中，在有条件的地方发展专业学校，加强专业人才和劳动力的培训；建立有效的科技创新平台支持共性技术的研发；在有创新潜力和创新环境良好的区位，逐渐培育核心竞争力。（2）完善法规制度，并通过发展生产性服务业，维护和发展产业集群中的企业联系和合作关系，形成稳定、高效的地方协作生产体系。（3）建立有效的对外合作机制，吸收和学习来自区域外部的专业技

---

① 张辉：《全球价值链理论与我国产业发展研究》，《中国工业经济》2004 年第 5 期。

② 王立军：《嵌入全球价值链：全球化时代的地方产业集群升级策略》，《特区经济》2004 年第 10 期。

③ 王益民、宋琰纹：《全球生产网络效应、集群封闭性及其"升级悖论"——基于大陆台商笔记本电脑产业集群的分析》，《中国工业经济》2007 年第 4 期。

能。作为发展中国家，我国的经济和科技发展水平与发达国家尚有很大差距，产业集群更需要对外开放并在全球价值链上攀升。① 黎继子等认为，产业集群的发展不仅需要全球价值链的嵌入和整合的推动，同时产业集群的供应链式的整合（即产业集群在同一地域形成较为完整的价值链）也是产业集群升级的关键，这样才能保证产业集群在与全球价值链整合时获取价值链中高附加值和核心战略环节的竞争优势。② 李文秀认为应从产业集群自身的特性出发，在有效的集群内部治理的基础上寻找合适的路径嵌入全球价值链中，并利用全球价值链治理带来的机会克服其障碍，共同实现产业集群的升级和发展。③ 潘利提出，产业集群升级要在链网互动的机制下进行，也就是要将全球价值链和区域创新网络结合起来，实现产业集群在全球范围内的动态竞争优势。④ 王核成、姜秀勇认为浙江传统产业集群要实现成功升级：一方面要在产业集群内部构建有效的本地网络，并不断完善和优化本地网络机制；另一方面要提高产业集群的开放度，积极谋求与处于价值链顶端的先进集群、跨国企业的外部知识联系，通过本地网络和外部知识联系的互动，提高整个产业集群的能力。⑤

4. 产业集群升级的实证分析

蓝庆新通过对美国、中国大陆和台湾地区电子信息产业集群升级轨迹进行比较研究，认为中国电子信息产业目前只是低层次地嵌入了全球生产体系，仍处于产业链条的中低端，为实现电子信息产业集群

---

① 王缉慈：《关于发展创新型产业集群的政策建议》，《经济地理》2004 年第 4 期。
② 黎继子、刘春玲、蔡根女：《全球价值链与中国地方产业集群的供应链式整合——以苏浙粤纺织服装产业集群为例》，《中国工业经济》2005 年第 2 期。
③ 李文秀：《全球化视角下产业集群的治理与升级》，《武汉大学学报》（哲学社会科学版）2006 年第 3 期。
④ 潘利：《链网互动理论：产业集群升级的新视角》，《华东经济管理》2007 年第 7 期。
⑤ 王核成、姜秀勇：《本地网络、外部知识联系及浙江传统产业集群升级探讨》，《经济论坛》2007 年第 2 期。

在全球价值链中的攀升需要从微观和宏观方面同时入手。微观方面应建立地方协作生产体系，促进投资落地生根，形成核心竞争力，并通过产业集群内学习和区际学习，不断提升产业集群的动态能力，获得持续性竞争优势；宏观方面须延伸电子信息产业在我国的价值增值链条。[①] 曾刚等分析了嵌入全球价值链的意大利和西班牙瓷砖产业集群的升级过程和特点，分析了中国瓷砖产业集群形成和成长过程，认为中国瓷砖产业集群，既存在价值链定位低、获取附加值低是发展中国家集群的共性问题，同时还存在缺乏有效制度保证、在价值链上定位雷同等特殊性问题。因此，须借鉴国外成功经验，不仅要挖掘内部联系，更需要积极嵌入全球价值链，主动创造、保持和捕捉价值，实现升级。[②] 周强[③]认为青岛家电产业集群在其所嵌入的价值链中居于主导地位，但其价值链不但具有生产者驱动的特点，而且具有购买商驱动的特点，应注重强化其产品品牌和营销能力。邬爱其、张学华以浙江省海宁皮革产业集群为例，通过对产业集群内企业的问卷调查，发现地方政府在帮助集群企业与顾客联结，推动集群企业协同升级，促成集群内企业之间联结网以及区域环境建设等方面进行了努力，但在增强人力资本、基础设施建设、区域竞争秩序等方面工作成果不甚理想，在促进技术创新方面的工作成果不好。[④] 周晓艳、黄永明从全球生产体系的视角剖析了台湾地区的个人计算机产业集群升级历程和原因，认为台湾地区个人计算机产业集群升级的原因是从全球生产体系上吸

---

① 蓝庆新：《全球价值链下的电子信息产业集群升级研究》，《经济前沿》2005 年第 9 期。

② 曾刚、文嫮：《全球价值链视角下的瓷砖地方产业集群发展研究》，《经济地理》2005 年第 4 期。

③ 周强：《基于全球价值链的青岛家电产业集群升级研究》，《市场周刊·理论研究》2006 年第 11 期。

④ 张学华、邬爱其：《产业集群演进阶段的定量判定方法研究》，《工业技术经济》2006 年第 4 期。

收了各种链接中所扩散的知识，并在国际链接和本土链接的共同演化作用下实现了升级。① 江青虎等②以浙江省慈溪小家电、义乌小商品、桐乡毛衫三个典型产业集群为例，分析了我国内生式产业集群在全球价值链中从制造、设计到自创品牌的动态升级过程。

第二节　银行支持理论

一　金融发展与经济增长理论综述

（一）西方经济学者理论综述

金融发展与经济增长的关系，历来是西方经济学界探索的热点问题之一。早在 1911 年，熊彼特（Schumpeter）就指出，一个国家金融部门的发展对该国人均收入水平和增长率具有积极效应，一个运行良好的金融系统对经济的长期增长有促进作用。③ 根据思想流派和研究视角的不同，可以从金融结构论、金融抑制论与内生增长论三方面来分析。

1. 金融结构论

雷蒙德·戈德史密斯（R. W. Goldsmith）于 1969 年出版了《金融结构与金融发展》一书，奠定了金融发展理论的基础，成为金融发展理论鼻祖。在书中，他以长达百余年、35 个国家的统计资料，对金融结构与金融发展做了横向的国际比较和纵向的历史比较，从而揭示出

---

① 周晓艳、黄永明：《全球生产体系下台湾地区的个人计算机产业集群升级》，《当代亚太》2007 年第 1 期。

② 江青虎：《集群企业竞争优势构建的集体学习机制研究》，博文学位论文，浙江大学，2007。

③ 张兵、胡俊伟：《区域金融发展与经济增长关系的实证研究》，《南京农业大学学报》（社会科学版）2003 年第 2 期。

金融发展过程中带有规律性的结论。他的理论主要包括：其一，提出并系统分析了金融结构概念，分析并提出金融结构衡量指标及金融结构类型。戈德史密斯认为，金融结构就是一国金融工具和金融机构的形式、性质及其相对规模，而反映各国金融发展差异的主要指标是金融结构指标，为了更为准确地衡量金融结构，他列出 8 个定量分析金融结构的指标，其中最重要的一个指标是"金融相关比率"（即全部金融资产价值与该国经济活动总量的比值）。其二，研究并揭示金融深化的内在路径和规律。他认为，虽然各国的金融结构不同，但它们的发展趋势或发展道路却是相同的。通过大量的比较分析和统计验证，戈德史密斯得出金融发展的 12 条规律。这些规律对当前发展中国家的金融发展仍然具有重要的借鉴价值。其三，提出金融发展与经济增长关系问题的重要性和研究方向。戈德史密斯认为金融发展与经济增长有着密切的联系，并特别强调发达国家与欠发达国家在金融发展中的明显区别。他指出，从理论上看，金融发展对经济增长究竟将产生怎样的影响，是无法得出准确无误判断的；从历史经验来看，在不同国家之间或在同一国家的不同时期之间，金融发展对经济增长的影响也大不相同。[①]

2. 金融抑制论

麦金农和肖（Mckinnon & Shaw，1973）建立了一个分析金融深化和经济增长关系的框架，重点考察了发展中国家特有的"金融抑制"现象。麦金农和肖放弃了以发达国家金融体系为研究对象，转而研究发展中国家的金融问题。他们认为在发展中国家存在着严重的金融约束和金融压抑现象。这既削弱了金融体系聚集金融资源的能力，又使

---

① 〔美〕戈德史密斯：《金融结构与金融发展》，周朔等译，上海三联书店、上海人民出版社 1994 年版。

金融体系发展陷于停滞甚至倒退的局面。麦金农和肖都认为发展中国家应该放松利率管制、控制通货膨胀，使利率能反映市场对资金的需求水平，恢复金融体系聚集资金的能力，达到金融深化的目的。[①] 两人的不同之处在于：麦金农放弃了传统金融理论中货币与资本相互替代的假设，认为发展中国家落后的金融制度使投资不是依赖于外部融资，而是依靠内部融资；并且提出了衡量金融发展的一个比较著名的指标——M2/GDP（金融深化指标）。肖则提出了"债务媒介论"，认为货币是金融体系中的一种媒介，而非真实的社会财富，货币在整个社会中发挥着各种媒介作用，通过降低生产和交易成本而提高生产效率，增加产出，促进储蓄和投资。虽然这两人的研究对象是发展中国家的金融问题，没有从更一般意义上来讨论金融发展与经济增长之间的关系。但是由于他们认识到金融发展与经济增长之间的确存在着某种必然联系，因此人们依然把金融抑制和金融深化理论的提出看作金融发展理论形成的标志。

3. 内生增长论

20世纪90年代以后，学者们从实证分析入手，采用数学模型解释金融中介组织和金融市场的形成，研究金融发展和经济增长之间的关系。金和莱温[②]通过对80个国家的数据进行回归分析，表明金融发展与经济增长之间存在强烈的正相关关系，金融中介规模和功能的发展不仅促进了资本积累和技术创新，而且刺激了全要素生产力的增长和经济的长期增长。金和莱温的这项研究影响深远，它不仅重新唤起了经济学家对金融发展与经济增长关系进行实证研究的兴趣，也为以

---

① 〔美〕罗纳德·麦金农：《经济发展中的货币与资本》，卢骢译，上海三联书店、上海人民出版社1997年版。

② King, Robert G. and Levin, Ross, 1993, "Financial and Growth: Sehumpeter Might be Right", *Quarterly Journal of Economics*, 108, pp. 717-738.

后的大量研究提供了一个基本参考，特别是对于指标的选取和数据的处理，其后的很多研究采取了大致相同的方法。尽管如此，他们的研究仍然存在不足。首先，还是没有很好地解决遗漏变量问题。其次，还是没有得出令人信服的因果关系。金融发展之所以能够预测经济增长，完全可能是因为金融机构预见到实业部门未来的增长而更多地提供信贷，于是金融发展可能仅仅是增长的先行指标而不是增长的原因。最后，没有考虑股票市场的影响，也就是没有对金融系统结构的差异能否用来说明经济增长业绩的不同做出解释。为解决缺省变量和因果关系问题，莱温等人引入了法律环境变量和包括人均收入、教育状况等指标的一组控制变量。研究发现，由法律环境决定的银行体系的"外生"发展部分与经济增长是显著正相关的。这个金融发展的外生部分不是由经济发展带来的，因此，他们的结论也就意味着金融发展确实能够促进经济增长，也就是存在由金融到经济的因果关系。

（二）国内学者研究状况

20世纪90年代初，中国学者开始研究金融发展和经济增长的关系，但这些研究基本上都是将中国金融业当作一个整体来探讨。90年代以后，研究人员开始关注中国经济的区域差异性，进入21世纪便有大量的文献对三大区域（东、中、西部）的金融发展和经济增长关系进行了分析研究，区域的金融发展和经济增长关系这一课题也逐渐成为金融理论研究的一个热点。

1. 基于宏观层面的研究

国内学者在潜心研究西方金融发展理论之后，尝试着将其应用于中国金融与经济发展的实践。王广谦是在该领域较早的探索者之一。其博士学位论文《经济发展中金融的贡献与效率》着重讨论了中国金融在量的扩张和质的提升上分别对经济产生的作用，尤其强调金融效率是现代经济发展的关键，并对提高中国金融效率从微观到宏观层面的建设性提议。具体包括：金融商品的定价市场化；金融体系的多元化；金融市场服务的规范化；以及宏观金融调控间接化。[①] 谈儒勇[②]效仿 Levine 模型，使用 1993~1998 年有关中国金融发展和经济增长的季度数据，运用普通最小二乘法，对我国金融发展和经济增长的关系进行线性回归，依次考察了存款货币机构（商业银行）与经济增长、股票市场与经济增长以及存款货币机构（商业银行）与股票市场的关系。实证检验证明，在我国，商业银行与经济增长有显著的正相关关系，应提高商业银行经营效率，大力发展商业银行，但这并不排斥对资本市场的扶持，因为金融中介与股票市场的发展也具有正相关关系。韩廷春[③]选择了一系列影响因素：单位实物资本上的无形资本数量、非国有经济投资占总投资的比重、实际利率、金融发展指标（M2/GDP）、资本市场发育程度（直接融资余额/社会金融资产总量余额），结合中国转轨时期经济运行特点，分阶段（1978~1989 年，1990~1999 年）分别进行实证分析。通过比较发现，金融发展程度与资本市场发育程度对经济增长的作用从弱到强。韩廷春还对金融发展指标的作用加以评议，书中分析了近年世界重大的金融危机及其根源，认为过度的货币扩张及不良资产会造成金融体系的不稳定性。所以韩廷春总结政策建议框架时，特别强调了提高金融系统的运作效率，提高整个社会的投资质量。史永东利用格兰杰因果关系检验和基于柯布-道格拉斯生产函数框架下的计量分析，对我国金融发展与经济增长间的关系进行了实证研究。得出结论：我国经济增长与金融发

① 王广谦：《经济发展中金融的贡献与效率》，博士学位论文，中国人民大学，1997。
② 谈儒勇：《金融发展理论在 90 年代的发展》，《中国人民大学学报》2000 年第 2 期。
③ 韩廷春：《金融发展与经济增长的内生机制》，《产业经济评论》2002 年第 1 期。

展在格兰杰意义上存在双向因果关系，同时得出了金融发展对经济增长贡献的具体数值。[①] 郑长德等对 1978～1985 年、1986～1991 年、1992～2001 年三个阶段就我国金融发展和经济增长关系进行格兰杰因果关系检验，认为：在第一阶段货币和实际利率对经济的增长起着积极的促进作用而经济增长没能很好地带动金融的发展；在第二阶段主要是经济增长带动金融发展，经济增长为金融发展创造了需求市场和物质基础；在第三阶段经济增长对利率产生了一定的影响，经济增长促进了股票市场的发展为其发展奠定了物质基础而金融发展指标对经济增长产生了显著的影响。在因果检验的基础上作者进一步进行线性回归分析，得出了在不同的阶段金融发展对经济增长的影响是不同的，而且认为债券市场对经济增长无积极作用，且不显著，股票市场对经济增长的影响也极其有限。[②] 冉茂盛、张宗益应用向量自回归模型将中华人民共和国成立后 50 年来的经济与金融数据分成 1952～1978 年和 1979～2000 年两个阶段进行因果分析。计划经济时期，经济增长与金融发展的相互影响十分有限；而市场经济环境下，两者出现了积极互动的特征。[③] 马瑞永（2006）采用的是固定效应模型进行实证分析，证明金融发展对经济增长的促进作用，中部地区最大，其次是东部地区，西部地区最小，在东、中部地区金融对经济增长的促进效应均出现了下降的趋势，西部地区则出现了上升的趋势。出现上述结果主要是由于体制转型、金融部门规模不经济以及"门槛效应"约束等

① 史永东、武志、甄红线：《我国金融发展与经济增长关系的实证分析》，《预测》2003 年第 4 期。

② 郑长德：《当代西方微观金融理论的发展及其对中国金融学科建设的启示》，《西南民族大学学报》（人文社科版）2003 年 10 期。

③ 冉茂盛、张宗益：《转型经济与金融发展》，重庆大学出版社 2004 年版。

原因造成的。[①] 袁云峰等（2007）利用贝泰斯和科埃利（Battese & Coelli，1995）提出的随机边界模型以及中国 1978~2004 年的跨省份面板数据研究了我国金融发展与经济增长率之间的关系，间接度量我国金融发展的资源配置效率。研究发现，我国金融发展与经济增长率的关系具有明显的时空特征；金融发展只是通过资本积累促进了经济增长，但是并未能促进我国技术效率的全面提升。[②]

2. 基于区域层面的研究

国内的研究大致是对区域间的金融发展状况和当地的经济水平联系加以比较。殷德生和肖顺喜（2000）从比较金融的角度分析了区域金融主体的经济行为、区域货币流动现象。作者进行区域金融的地域比较建立在以行政区划基础之上分为东、中、西三大地带。研究的核心是按照从区域经济学到区域金融研究的逻辑，探讨了区域金融结构与发展模式。作者认为区域经济发展的"双二元性"使得金融资源供给在空间分布上产生非均衡。同时，区域金融发展的内部性与外部性导致金融资源在区域间发生传递。提出东部地区要发展区域性商业银行，而西部地区除了要重点发展政策性金融外，应以开拓西部区域资本市场为切入点扶持西部金融发展。[③] 刘仁伍（2000）[④] 以海南省的金融结构与金融发展状况为研究对象，从历史角度再现海南金融发展历程，总结了海南金融结构畸形和金融发展不可持续的制度性原因。又以 AK 模型为基础，辅以金融与经济增长的统计数据进行计量验证。

---

① 马瑞永：《中国区域金融发展与经济增长关系的实证分析》，《金融教学与研究》2006 年第 2 期。

② 袁云峰、曹旭华：《金融发展与经济增长效率的关系实证研究》，《统计研究》2007 年第 5 期。

③ 殷德生、肖顺喜：《体制转轨中的区域金融研究》，学林出版社 2000 年版。

④ 刘仁伍：《区域金融结构和金融发展理论与实证研究》，博士学位论文，中国社会科学院，2000。

提出了区域产业政策与区域金融体系均衡发展的新思路。张震宇[①]总结多年金融第一线的工作经验，对温州金融予以翔实的阐述，结合"温州模式"的发展特点，重点考察了温州民间金融与区域金融风险的管理，以及产业集群企业的融资服务体系，挖掘发达的经济与相应落后的金融体系的矛盾的深层次原因，主张合理引导民间资本流向，建立小额贷款营销机制，支持试点地区利率市场化的改革。

3. 实证研究

陈敏等实证分析了黑龙江省金融发展与经济增长关系，得出该省金融发展程度与经济增长之间呈负相关关系，金融发展处于抑制状态，金融发展滞后于经济增长。[②]胡亮对浙江省，以及浙江省各个区域的金融发展与经济增长进行回归分析，结果说明人均 GDP 对金融相关性是正的影响，并且这个影响是显著的。[③]谢太峰对北京地区金融发展与经济增长的内在联系进行实证分析，认为首都的金融发展与经济增长不仅存在正向促进关系，而且存在 Granger 意义上的因果关系。在此基础上作者结合北京实际，对北京金融业发展和金融中心建设提出了相应的政策建议。[④]钱方明等在梳理区域金融与区域发展关系研究文献的基础上，以浙江省 11 个地市为研究对象，运用计量模型对区域金融发展与经济发展关系进行实证分析。结果表明，浙江区域金融发展与经济发展关系不仅具有区域性特征，阶段性特征也比较明显。[⑤]

① 张震宇：《温州利率改革向市场化迈进的实践与探索》，《杭州金融研修学院学报》2007 年第 5 期。
② 陈敏、杜勇、李小庆：《黑龙江省金融发展与经济增长关系的实证分析》，《哈尔滨商业大学学报》（自然科学版）2006 年第 2 期。
③ 胡亮：《金融深化与区域经济发展》，博士学位论文，吉林大学，2006。
④ 谢太峰、王子博：《北京区域金融发展与区域经济增长关系的实证分析》，《金融理论与实践》2008 年第 9 期。
⑤ 钱方明、孙克、汤钟尧：《区域金融发展与经济发展关系实证研究——以浙江为例》，《上海金融》2008 年第 6 期。

二 银行信贷与经济增长的相关研究

（一）国外银行信贷结构与经济增长的理论综述

国外经济学家对银行信贷结构与经济增长的关系做了大量的理论研究，主要从垄断性的银行业结构和竞争性的银行业结构来考察银行业结构与经济增长的关系。

1. 垄断性银行业更有利于经济增长

从关系融资理论的角度出发，拉詹和津加莱斯（Rajan & Zingales，1995）认为：一个处于垄断地位的银行可以通过选择利率水平和信贷配给，或者和借款者形成长期的联系，达到对不同类型的借款者进行甄别并减少道德风险行为的目的。另外，垄断的银行结构可以减少银行间的过度竞争，防止由于银行间过度竞争所造成的金融不稳定。因此银行体系的垄断对经济增长和发展是有利的。[1] 彼得森和拉詹（Petersen 和 Rajan，1995）通过建立局部均衡模型分析了银行集中度与企业信贷能力之间的关系，认为银行越集中，企业所受到的信贷约束就越少，尤其是中小企业能得到更低的贷款利率，对中小企业发展有利。[2]

2. 竞争性的银行业结构更有利于经济增长

古兹曼等人（Guzman et al.，2000）从信贷配给的角度加以分析，得到的结论是，由于垄断的银行结构会减少资本积累，更容易导致信贷配给，并且在垄断的银行结构下，信贷配给的后果比竞争性银行结构下的信贷配给后果更加严重。因此垄断的银行业结构所带来的成本

---

[1] Rajan, R. G. and Luigi Zingales, "What do we know about capital structure? Some evidence from international data," *Journal of Finance*, 1995, 50, pp. 1421-1460.

[2] Petersen, M. A. & Rajan, R. G., 1995, "The Effects of Credit Market Competition on Firm-creditor Relationships," *Quarterly Journal of Economics*, 110 (2), pp. 407-443.

很有可能超过它所带来的收益,较高的银行集中度不利于经济增长。①

(二) 国内相关文献

1. 银行信贷与经济增长的理论综述

积极发挥信贷支持作用,推动经济结构优化升级,归根结底还是要促进经济健康稳定地发展。国内学者从 20 世纪 90 年代起,在借鉴国外研究成果的基础上,对国内银行信贷与经济增长之间的关系进行了研究。杨文捷(2000)根据厂商理论和需求理论进行分析,认为在完全竞争的银行业市场上,当存在外部冲击时,完全竞争市场结构中经营不良的银行能通过多种途径退出行业,从而使整个行业仍保持总体的健康、稳健,而且经济滑坡对于竞争性的银行业来说影响是中性的,银行体系对这种消极影响的反应不会加剧经济波动的幅度。② 林毅夫、李永军(2001)认为从发展的角度看金融结构的改变最重要,即应改革大银行与中小银行和国有银行与民营银行的结构,指出金融结构的有效性取决于资金配置的有效性,要大力发展中小银行,促进中小企业的发展,以提高整个国民经济的融资效率。③ 林毅夫、章奇、刘明兴(2003)通过对全球制造业的分析表明,只有当金融结构和制造业的规模结构相匹配,才能有效地满足企业的融资需求,从而促进制造业的增长。④

2. 银行信贷与产业结构调整的相关文献

在国内的相关研究中,最早对我国信贷政策与产业结构调整关系进行研究的是余心一(1989),他认为信贷结构与产业结构相互作用,

---

① Guzman, Mark G. , "The Economic Impact of Bank Structure: A Review of Recent Literature. Economic and Financial Review," *Second Quarter*, pp. 11-25, 2000b.

② 杨文捷:《市场竞争结构与银行稳健》,《决策借鉴》2000 年第 6 期。

③ 林毅夫、李永军:《中小金融机构发展与中小企业融资》,《经济研究》2001 年第 1 期。

④ 林毅夫、章奇、刘明兴:《金融结构与经济增长:以制造业为例》,《世界经济》2003 年第 1 期。

互为因果，调整信贷是调整产业结构的最有效的手段之一。[1]

荣凤娥（1990）则将产业结构调整方式分为政策干预与市场调节，信贷政策则属于政策干预的一种，认为产业结构从价值形态看就是资金的结构，资金的存量结构反映目前的产业结构状况，资金的增量结构决定将来的产业结构，信贷政策是通过调节资金的存量和增量来影响产业结构调整的。信贷资金的存量结构和增量结构，在很大程度上决定着产业的现状及其发展方向。[2] 崔晓峰、王颖捷（2001）通过分析产业结构调整的发展方向，说明我国产业结构调整突出表现为社会资金的流向与配置问题，银行信贷支持是实现产业结构优化的重要手段。只要银行是合理化的经营机构并控制着社会资金流动的主潮流，国民经济的产业结构调整和优化就会不断地顺利地推进。[3] 伍海华、张旭（2001）从金融发展、经济增长与产业结构的国际比较角度，系统地探讨了经济增长、产业结构与金融发展之间的经济联系，分析认为金融作用于产业结构调整的过程是：金融—影响储蓄—投资—影响资金流量结构—影响生产要素分配结构—影响资金存量结构—影响产业结构。经济金融化程度越高，上述传递过程越明显，金融发展将产生有效的资金形成机制、资金导向机制和信用催化机制，从而促进资源的合理配置，实现产业产出结构的高级化。在主导产业选择模式方面，由于我国正处于经济转轨时期，我国应选择供给引导型的金融发展模式，选择银行主导型为主、资本主导型为辅的产业金融政策，以及市场主导型金融为主、政府主导型为辅的金融体制。同时，由于我国间接融资的主导地位，我国应采取银行主导型的产业金融政策。[4]

---

[1]　余心一：《论产业结构调整的信贷操作选择》，《上海金融》1989 年第 10 期。

[2]　荣凤娥：《信贷政策对产业结构的调整》，《金融与经济》1999 年第 11 期。

[3]　崔晓峰、王颖捷：《我国产业结构调整与信贷政策》，《南方金融》2001 年第 8 期。

[4]　伍海华、张旭：《经济增长·产业结构·金融发展》，《经济理论与经济管理》2001 年第 5 期。

3. 银行信贷与产业结构调整的实证研究

林毅夫、姜烨利用面板数据模型对中国各个省份在 1985~2002 年的银行业结构、经济结构以及其他经济发展状况进行研究，结果说明我国金融改革的方向应是发挥中小银行的信贷服务优势，发展对中小企业的间接融资。[①] 杨小玲（2009）[②] 则研究不同的融资方式下银行、股票市场对产业结构优化的影响，并通过实证分析说明产业结构优化与股票市场发展之间不存在 Granger 原因，产业结构优化是促进银行信贷市场发展的原因。傅进（2004）通过对江苏省三次产业结构变动因素进行分析，说明金融结构与产业结构变动相关性趋强，由于货币化指数逐渐上升，经济货币化程度不断提高，金融已成为推动江苏经济发展的重要因素。从近年来江苏信贷投入效益变动情况来看，单位信贷增加额与地区生产总值增加额显现正相关性，信贷投入对地区生产总值增长发挥积极的作用。[③] 茅胜利等（2000）运用实证分析，通过对江苏省第一、二、三产业地区生产总值的产出与各产业信贷支出联系的相关系数的测定，说明信贷在一定程度上优化了产业结构，但由于江苏省市场化程度低、资金未实现有效配置以及企业的自身短期行为，造成了总体趋势上信贷质量不佳。[④] 张蕾蕾、薛洪言（2009）则运用自回归分布滞后模型，研究了信贷结构变动对产业结构变动的作用机制，并得出三点结论：一是产业得产值结构变动率具有趋势性，前期的产值结构变动率对当期的产值结构变动率具有正面影响，且时间间隔越短，影响越大；二是前期的信贷结构变动率会给当期的产值

---

① 林毅夫、姜烨：《经济结构、银行业结构与经济发展——基于分省面板数据的实证分析》，《金融研究》2006 年第 1 期。

② 杨小玲：《中国金融发展的产业结构优化效应研究》，《区域金融研究》2009 年第 7 期。

③ 傅进：《江苏产业结构优化与升级的金融对策研究》，《金融纵横》2004 年第 3 期。

④ 茅胜利、何有世、谭中明：《信贷政策对江苏产业结构优化问题的探讨》，《华东经济管理》2000 年第 6 期。

结构变动率带来正面影响；三是信贷投入对产业产值的影响具有一定的滞后性，即当期的信贷增长并不能全部转化为当期产值的增加。[①] 刘梅生运用多变量 VAR 模型、协整检验、Granger 因果检验等计量方法，对我国银行信贷的规模、效率与产业结构变动之间的关系进行了实证研究，结果表明我国银行信贷规模、效率与第一、第二产业变动之间存在着长期的协整关系，银行信贷规模与效率是第一、第二产业变动的原因，与第三产业变动之间不存在协整关系。[②] 郭明、钱筝筝、黄顺绪运用 1989~2006 年的年度数据进一步研究了我国银行信贷对三次产业增长贡献度的差异，利用协整分析说明我国第一、二产业的银行信贷额与第一、二产业的产值之间存在着协整关系，银行信贷对第二产业增长的贡献度大于对第一产业的贡献度，但银行信贷尚不能解释第三产业的增长情况。[③] 江曙霞、黄君慈通过建立金融 CGE 模型，研究银行信贷及其产业投向的变动对于厦门市经济发展与结构变迁的影响，结果表明无论信贷规模如何变动，第一产业产出均呈下降趋势，而信贷规模大幅增长对第二、第三产业的产值增长有明显拉动作用。因此，可以通过增加资金的投放，扩大银行信贷规模来实现大力发展第二产业，从而带动第三产业的发展和 GDP 的增长。但就具体情况而言，虽然第二、三产业的产值总体上说与信贷规模变动呈正相关关系，从产业内部看，信贷规模变动的影响程度也极不平衡，特别是信贷资金过度向建筑建材和房地产行业集中，既给银行经营埋下安全隐患，

---

① 张蕾蕾、薛洪言：《信贷结构变动对产业结构变动的作用机制分析》，《上海金融》2009 年第 12 期。
② 刘梅生：《我国金融发展规模、效率与产业结构关系的实证研究》，《广西社会科学》2009 年第 7 期。
③ 郭明、钱筝筝、黄顺绪：《我国银行信贷对三次产业增长贡献度的差异研究》，《产业经济研究》2009 年第 1 期。

也会推动经济泡沫的形成，从而加大经济周期的波动性。[1]

黄培红[2]以大同市为例，研究发现目前我国仍存在信贷结构单一、结构调整困难、信贷准入门槛高、金融投入困难、资金寻求难度大、供求矛盾突出等问题。中国人民银行岳阳市、常德市、娄底市、益阳市中心支行联合调查组对长株潭辐射地区进行了实证调查，发现信贷投放结构与经济结构不匹配，存在较大的优化空间。主要表现为信贷投放总量与区域经济总量不匹配，信贷投放结构与产出结构明显不适应，信贷投放效率具有较大的差异性，而且信贷对"三农"的投入明显不足。[3] 针对相应的解决方法，黄茜在其文章中指出作为现代经济核心，银行业在促进经济结构调整中应优化信贷投向，促进产业、产品结构调整；强化信贷服务，促进市场竞争优势整合提升；突出信贷倾斜，促进高新技术开发应用；加强信贷跟进，促进基础设施建设和能源开发应用。[4]

总体来看，国外学者在理论基础和研究方法以及对最新前沿动态的把握上具有优势，但其对我国金融发展问题的研究大多又局限于宏观层面，着重于解决金融体系存在的问题，研究缺乏针对性。随着我国金融化的不断深入，我国专家学者对银行信贷与产业结构调整关联性的研究在逐层深入，但研究结果也不尽相同。总体而言，我国对信贷与产业结构调整的研究尚未构成一个框架，对这方面的研究仍处于起步阶段，还需要进一步在理论上和实践中予以论证。

---

[1] 江曙霞、黄君慈：《银行信贷对经济结构影响的一般均衡效应分析：厦门案例》，《统计研究》2007 年第 5 期。

[2] 黄培红：《经济转型金融支持问题研究——大同个案》，《华北金融》2008 年第 9 期。

[3] 中国人民银行岳阳市、常德市、娄底市、益阳市中心支行联合调查组：《信贷结构与经济发展匹配现状、成因及对策——来自长株潭辐射地区的实证调查》，《金融经济》2008 年第 22 期。

[4] 黄茜：《经济结构调整与银行信贷操作取向》，《湖湘论坛》2003 年第 5 期。

第三章
宏观层面产业升级与银行支持的关系

商业银行在现实中具有信用中介、支付中介、信用创造、金融服务、调节经济的功能，在现代经济社会中发挥着重要作用。它通过推动信贷资金向产业资本的转化和集聚、促进产业资本的合理优化配置、利用金融创新提升产业发展质量，形成了商业银行对产业升级的强力的助推机制。在实践中，商业银行通过政策协调、产品创新、主体合作、服务定位等方面的战略选择，将有助于充分发挥商业银行服务产业升级、促进实体企业发展的助推机制。

第一节 银行的功能和对经济发展的作用

商业银行是现代金融体系中最重要的金融机构，在现代经济社会中发挥着重要作用。作为企业，商业银行以利润最大化为目标，通过金融负债筹集资金，又以金融资产为经营对象，进行信用创造、向客户提供多样化的金融服务，获取经济收益。目前，商业银行的主要业务范围包括吸收公众、企业及机构的存款、发放贷款、票据贴现及中间业务等。作为重要的储蓄机构，商业银行的业务范围广泛，功能全面，为客户提供门类繁多的金融服务。商业银行作为特殊的企业，对经济发展起着重要的作用。在现代经济社会中，商业银行是与个人、家庭、企业、政府联系最为密切的金融机构，它通过业务活动，在经济社会中发挥其特有的功能，而这些功能客观上对经济产生重要的影响。因此，在现代社会中，商业银行扮演着重要的角色。

商业银行的功能主要由其性质所决定。目前，商业银行主要扮演着信用中介、支付中介、信用创造、金融服务、调节经济等功能。

一　信用中介

信用中介是商业银行最基本、最能反映其经营活动特征的职能。商业银行通过负债业务，将社会上闲散资金集中起来，再通过资产业务，将这些资金投入经济各个部门。在这个过程中，商业银行作为货币资本的贷出者与借入者的中介，实现社会资本的融通，并从吸收资金的成本与发放贷款利息收入、投资收益的差额中，获取银行的利益收入。商业银行在发挥这一功能时，一方面作为借者的集中，代表所有资金短缺者向资金盈余者借入资金；另一方面又作为贷者的集中，代表所有资金盈余者向闲置资金放贷给资金需求者。商业银行的信用中介功能本身并不改变资本的所有权，而只是改变货币资本的使用权。由于商业银行的信用中介功能，可以使闲散资金转化为资本，使社会闲置资金可以得到充分的利用，推动资本盈余与短缺之间的融通，而且它有利于续短为长，满足整个社会对长期资本的需求。

信用中介客观上对经济发展产生积极的作用。首先，商业银行为经济建发展提供和分配资金，实现储蓄向资本转化，是再生产顺利进行的纽带。在经营活动中，商业银行通过负债业务把闲散在居民和企业手中闲散的资金集中起来，又通过资产业务，以贷款的形式把集中起来的货币贷给需要资金的生产、流通部门，转化为生产、流通部门的生产要素，从而将储蓄转化为资本，扩大社会资本的规模。其次，商业银行通过资金活动，成为联系国民经济各个部门的纽带。由于国民经济各部门、各企业、消费者之间，结成了一个相互依存的有机整体，彼此之间的经济活动，几乎都要通过商品和货币关系来实现。而银行作为全国信贷、结算、现金出纳和外汇收支的中心，集中了国民经济各部门、各企业大部分货币收付，通过办理信贷和结算业务，把社会生产、分配、交换、消费各环节紧密联系，加快社会资本的流动、保证经济秩序。再次，积少成多、续短为长，满足社会对资金的多样化需求。由于社会对资金的需求具有多样性，受到投资数量、投资方向、投资期限等方面的限制，分散在各个企业与个人手中的闲置资金，由于数额有限、期限也相对较短，并不能有效地实现向资本转化。而商业银行通过多种存款方式集中社会资金，形成数额庞大而又稳定的投资资金，从而满足社会对长期、大额资金的需求。最后，提高资金的利用效率。商业银行将闲置的社会资金充分利用起来，并将其投入生产、流通部门，同时利用信贷调解，促进资金在不同生产效率的企业间流动，实质上在社会总资本不变的情况下，提高资金的利用效率，从而提高社会总资本的整体增值能力。

二　支付中介

信用中介实质上是商业银行承担货币经营的职能，是商业银行利用活期存款账户，为客户办理各种货币结算、货币收付、货币兑换和货币转移等业务活动。支付中介是商业银行的传统功能，商业银行利用这一功能，使其成为个人、家庭、企业、政府的货币保管者、出纳者和支付代理人，从而成为整个社会经济活动的出纳中心、支付中心和整个社会信用链的枢纽。商业银行的支付中介功能中，形成了以商业银行为中心、无始无终的支付链条和债权债务关系。这种在中间业务上的汇兑、代收代付，是商业银行吸引客户并向社会提供财务服务的主要方式。

支付中介对经济发展的作用表现在三个方面。首先，助推信用中介功能的方式，间接提高社会资金的利用率。在商业银行的发展历史中，商业银行作为支付中介的历史要早于信用中介。而随着商业银行的发展，当信用中介功能形成之后，支付中介的功能则主要以银行的信用中介的存在为前提。商业银行面向自己客户的转账结算、代收代付等功能的发挥，一定程度上能够推动商业银行资产、负债业务的开展，使信用中介功能能够得以有效发挥。其次，商业银行利用支付中介功能，确保稳定的资金来源，扩大银行的经营利润。商业银行在开展转账结算和支付汇兑时，要求客户必须在银行开设账户并存入一定的资金，有利于吸收存款。而与此同时，该项功能的发挥，也会占用客户一部分资金。因此，商业银行集中大量的社会限闲置资金、降低银行的交易成本，而且通过支付中介使商业银行获得了转账结算的手续费，扩大了银行盈利的来源。最后，非现金的交易加快了资金的周转，也为企业节约了交易费用。由于商业银行通过向客户提供非现金转账结算以及汇票、本票、支票、银行卡等收付业务，一方面减少现金货币的使用，使企业节约了一部分保管、运输等费用，有利于企业降低成本，扩大生产规模，提高经营效益。另一方面银行的转账结算、支付汇兑为企业提供了极大的便利，它大大加速了社会资金的周转，提高社会资金的使用效率，也提高了整个社会经济活动的效率。

三　信用创造

信用创造是商业银行的特殊功能，它是在信用中介和支付中介的基础上派生出来的功能。商业银行通过吸收存款，并且利用其吸收的各种存款发放贷款，在支票流通和转账结算的基础上，贷款又派生为存款，在这种存款不提取现金或不完全提现的基础上，就增加了商业银行的资金来源，最后在整个银行体系，发挥乘数效应，形成数倍于原始存款的派生存款。商业银行以通过信贷活动创造和收缩银行的活期存款，形成派生存款，从而实现信用的创造。此时，商业银行通过其业务创造了信用货币。

商业银行的信用创造功能，对整个社会信贷规模货币供应量产生直接的影响，因此中央政府对商业银行业务的开展进行重点监管。商业银行作为中央银行货币政策对经济进行宏观调控中重要的环节，对经济发展进行调解作用。首先，传导中央银行的货币政策，对经济进行调节。商业银行是中央货币政策的主要传导者。当中央银行根据经济发展的需求，要求对货币市场进行调节时，中央银行利用货币政策工具，影响商业银行的信用创造规模和能力，进而影响市场利率和市场货币供应量，最终对宏观经济施加影响。一般，中央银行利用法定准备金制度，对商业银行的信用创造能力进行控制。利用再贴现率工具和公开市场业务工具，影响商业银行的融资成本，进而影响商业银行的贷款规模，从而达到对宏观经济发展的速度和规模施加影响的效果。其次，商业银行为社会提供流通手段和支付手段，节约现金的使用，从而有助于节约流通成本。商业银行由于满足社会对流通手段和支付手段的多样化需求，在一定程度上减低交易成本，便于企业从非现金的使用中带来额外附加成本。

四 金融服务

商业银行在国民经济当中，处于一种特殊的地位，这种特殊的地位使商业银行成为整个社会经济信息枢纽和资金运转的枢纽。为了实现利润最大化，商业银行不断通过新产品创新，为整个社会提供多样化的服务。商业银行金融服务功能的形成与完善，得益于电子计算机在银行业务中的广泛应用。由于技术便利，银行能够便捷地为客户提供信息服务，提供业务咨询服务，间接地影响企业的经营决策。而且，随着经济的发展和企业经营活动的专业化，企业将自身的许多货币业务转交给银行，如委托银行发放工资、代理支付其他业务等。随着交易复杂化和多元化，个人消费也从最初的现金交易发展为转账结算，商业银行在这当中扮演了越来越重要的角色。特别是目前越来越激烈的市场环境中，各大商业银行纷纷开拓服务领域，完善金融服务功能，并注重将金融服务与传统的资产、负债业务结合，实现该领域的服务创新。目前，商业银行金融服务的业务主要包括代理类服务、咨询类服务，商业银行提供的金融服务业务一般不动用自身资金，风险较小，而且，又能为商业银行提供服务收入，扩大收入来源。因此，金融服务成为商业银行业务创新的重点和银行间竞争的焦点。

商业银行金融服务客观上对经济的发展起着积极的作用。首先，满足商业银行与客户的双方需求。对商业银行而言，提供货币、信用等方面服务，由于本身的低风险，一定程度上有利于商业银行拓展利润空间。而对客户而言，由于金融服务满足其日益多样化的需求，使个人、家庭、企业、政府活动更加便利化，有助于提高其工作效率，保证以商业银行为中心枢纽的经济活动的正常进行。其次，商业银行利用金融服务，能够掌握和反映社会经济活动的信息，为企业和国家做出正确的经济决策提供必要的依据。商业银行作为社会再生产顺利进行的纽带，其本身承担了经济信息总汇的功能，许多经济研究部门和决策部门，可以根据商业银行存贷规模及其变化、信贷资金周转速度、现金投放和回笼、转账结算的数额等信息，全面掌握社会经济发展的状况，并从中找寻现实存在的新情况和新问题。特别是随着银行被纳入国民经济管理信息系统后，商业银行所具有的地位和功能是其他部门无可比拟的。

五　调节经济

商业银行调节经济的功能，是商业银行重要的职责功能。商业银行对经济的调节功能，主要建立在信用中介的基础上。根据相关国家政策，商业银行通过信用中介，调剂社会各部门的资金余缺，是调整经济结构、优化消费和投资比例、促进产业结构调整的重要推手。与此同时，商业银行对外还可以通过在国际市场上的融资活动，调节本国的国际收支状况，是影响外汇市场的重要参与者。调节经济的功能因为具有广泛性，对整个社会经济影响显著，因此商业银行在整个金融体系乃至整个国民经济中占据了非常特殊的地位。

商业银行对经济的调节功能，具体而言，首先表现在商业银行对国民经济各部门和企业的生产经营活动进行监督和管理，有助于优化产业结构，提高经济效益。商业银行通过存、贷款规模以及转账结算的数量可以了解各企业的经营状况，根据企业经营现状，商业银行通过政策引导等方式，督促企业正确执行国家金融政策，在此商业银行扮演了监督和管理的职能。其次，商业银行可以利用信贷、利率、外汇、汇率等经济杠杆，调整经济发展方向，优化产业结构。如商业银行信贷资金的规模与投向，直接影响到生产和流通，影响到总供给与总需求的平衡；商业银行为企业提供外汇资金，促进企业引进先进技术和设备加快技术改造，实行技术创新，同时又能达到调节内外资金和经济关系的作用。

第二节 商业银行支持产业升级的机理

银行主导的金融体系，可以通过商业银行中介实现资金的筹集和使用，特别是商业银行在经营中，非常注重流动性、安全性、收益性三大原则，确保运行资金价格的稳定。在发挥金融分担与管理风险的功能方面，商业银行通过内置的风险分担过滤机制，为企业提供风险分担；在生产、处理、利用企业信息上，由于商业银行长期与企业之间维持合作关系，在信息上也具有垄断的地位，降低了注入资产替代之类的道德风险。此外，商业银行在发挥内部监管方面效果明显。商业银行在这方面的优势，是政策性银行所无法替代的，特别是政策性银行潜在风险和机会成本也相对较高，而且内部激励机制也不完善，很容易成为损失资金配置效率的制度安排。鉴于此，商业银行在配置优化市场资源、推动产业结构升级中，具有相对的比较优势。特别是在直接融资市场不成熟的情况下，企业外部融资更多依赖银行的贷款，其作用相对比较凸显。

产业的转型升级与金融发展程度息息相关，产业结构的优化调整、转型升级，特别是基于产业培育和壮大的角度，越来越离不开金融因素的参与和渗透。产业结构调整方向为由传统的劳动密集型产业向资本密集型、技术密集型转化，进而带动新技术开发应用、新兴产业发展，在这一过程中要求金融资本不断流向新技术研发、高技术产业等发展领域。由于商业银行是金融体系的重要组成部分，是产业结构升级调整中的资金支持主体，在扶持产业发展的金融体系中居于核心地位，起主导作用。商业银行的信贷结构与产业资源的分配密切相关，作为技术创新和经济增长的原动力、市场资金的分配者，商业银行通过控制资金供应总量、各个行业投放资金的比例和资金供应结构的变化来推动产业结构的变动，推动整个社会的技术创新和资本积累。商业银行对产业结构升级调整的影响机制和作用特征影响深刻。

第一，商业银行支持产业升级，借助信用中介功能调动资金余缺。资金的供应和调剂对产业结构调整的作用取决于资金投向该行业的多少以及资金投向偏好的不同对产业结构的作用的差异。商业银行通过控制资金供应总量、各个行业投放资金的比例和资金供应结构的变化来推动产业结构的变动。商业银行的存在为资源存量调整和规模经济提供了条件，企业的重组实现了生产要素存量的重新配置。首先，提供信用中介服务是商业银行最基本的功能。商业银行通过负债业务，利用遍布的营业网点和营销网络、逐渐完善的金融服务，集中社会闲置资金，扩大投资资金的来源。另外，商业银行通过资产业务，为资金短缺的企业主体和产业部门提供融资服务，有效地利用社会闲置的资金。而且，由于商业银行对存款的动员，可将短期资金转化为长期资金，投入企业的固定资产投资和设备更新中去，大型长期重点建设项目，很大部分对资金的需求具有长期性、稳定性，而商业银行动员存款并对此做出期限转化，很大程度上满足重点建设项目特殊的资金需求。其次，商业银行通过严格的贷款审批程序，保证资金的分配结构、分配方向和分配质量。为了降低还贷风险，商业银行一般会对贷款发放的贷前、贷中和贷后进行严格审查，确保资金的有效分配。商业银行在这一审查过程中，一是可使产业结构更加合理化，即商业银行通过资金的配置实现社会资源在产业间的配置比重变化，并使之趋向一个合理的比例关系。二是使三产比例在合理的结构中提高质量，实现产业结构的高度化。在目前，我国间接融资仍占主体地位，社会再生产过程中的借贷资金主要由商业银行提供。因此，商业银行通过利用信用中介功能，配合国家的产业发展政策，调节信贷资金在经济各部门间流动，调节资源在各个部门、产业间的配置，从而达到产业结构优化升级的效果。三是商业银行本身作为营利性组织，确保经营利润是首要的目标，因此为降低商业银行的放贷风险，商业银行在资金配置中，必须注重保证资金能从利润率低的部门转到利润率高的部门，确保资金的保值、增值。因此，商业银行重点扶持的行业，一般是具有良好发展前景、利润率高的企业，这些企业作为国家重点扶持资助的主导产业，其本身的发展将有助于确立其市场地位、调整市场结构，从而促进产业结构的进一步优化升级。

第二，商业银行支持产业升级，借助于完善的中介服务，为产业结构的升级提供信息服务和支持。商业银行在信息上具有垄断性。这种垄断性表现在：首先，商业银行由于参与社会资本的运作，与消费者、企业之间建立了密切的合作关系，这种合作关系有助于商业银行拓宽信息来源的渠道。银行借助与企业之间的长期合作的银企关系，有助于商业银行积累借款人的信息，最大限度降低企业道德风险，减少对企业的融资约束，促进产业的发展和结构的调整。特别是商业银行与企业之间建立长期而又稳定的债权债务关系，企业在向银行提出贷款申请时须向银行提供各类经营信息和财务报表，这就为银行进行信息生产创造了前提条件，能够利用其优势，尽可能获得企业和相关参与项目的信息，降低银行的放贷风险，协调和改进投资计划。商业银行通过消费信贷的支持，可以获得消费市场的信息，把握国家重点扶持的消费市场的成长规律、发展变化以及未来趋势。其次，为降低自身的放贷风险，合理引导信贷资金流向，商业银行需要致力于研究市场动向、产业政策，获得相关的市场信息和产业信息，积极引导产业结构的调整方向，从而更好地带动新兴产业的发展。作为贷款的发放方，商业银行也会将收集到的信息及时反馈给贷款企业，并通过贷款发放向其他银行和企业间接传递着企业经营正常的市场信息。通过商业银行自身对市场和产业的研究，和对企业的信息反馈，有助于商业银行利用既有的信息和专业研究，为社会提供较为准确的产业信息，加大对重点扶持行业的支持力度，引导产业结构调整和发展的方向，进而更加主动地影响产业结构的升级调整。为社会提供较为准确的产业信息，从而引导产业结构调整和发展的方向，进而积极推动产业结构的升级调整。特别是在地方，许多商业银行的地方分支机构或当地的商业银行一般对地方性的产业信息和企业信息有比较全面客观的了解，通过"关系型"的融资关系，对当地产业布局的调整和产业结构的优化升级有推进作用。此外，商业银行可以对企业的经营行为进行激励、鼓励和控制，促进企业健康有序发展。商业银行可在提高结算质量等方面，为社会资金在产业间的流转提供便利，加速产业结构的优化和升级。

第三，商业银行支持产业升级，借助于推动企业的技术创新。技术创新是产业结构调整中最具有生命力的因素。科技创新又促进产业结构的合理化和高度化，受到投资倾斜、利率和资金回报率的影响，拥有高科技的企业必定能受益于商业银行的投资倾斜政策，并给银行带来较高的资金回报率。首先，中小企业的创新活动成为商业银行的融资目标。一般而言，大企业资金雄厚，而中小企业由于自身生存发展的需要，特别是面对激烈的市场竞争，它们不得不设法推动技术创新、维持自身生存和发展的需要，因此，他们有着更为强烈的创新意识。但是，问题在于，中小企业并没有像大企业那样拥有雄厚的资金支持，也无法获得像大企业那样在资本市场具有直接融资的条件，因此，对于中小企业而言，商业银行成为其外部融资的首选条件。其次，在发展中国家，由于目前主要靠模拟为主，技术风险和市场风险也相对较小，而创新的收益却又高于一般的传统行业，从风险和收益的角度看，商业银行信贷融资是较为便捷的融资方式，商业银行也因此成为中小企业创新和发展的重要支持主体。通过商业银行对中小企业的贷款支持，可以推动赶超型的技术创新，促进企业加快技术创新的发展，从技术提升的角度推动产业结构的升级。特别是当前，根据我国现有的要素禀赋，经济结构中仍然以中小企业为主，因此搭建与经济规模相匹配的融资规模，加大对中小企业的资助力度，充分发挥中小企业在产业升级调整中的积极作用，商业银行将扮演重要的角色。

第三节　银行支持产业升级路径分析

商业银行支持产业升级，其路径是商业银行通过供给支持和需求支持，扶持银行生产信贷和消费信贷，通过对储蓄和投资的影响，带动资本流量和存量的变化，改变生产要素的分配结构，影响资本的供给和配置，最终助推产业结构的升级调整。商业银行作为重要的推手，在产业资本的形成和产业结构的升级调整中扮演着重要的角色。

一　推动资金向产业资本的转化

产业资本一般是指工商企业等非金融机构占有和控制的货币资本及实体资本，而金融资本一般是指银行、保险、证券、信托、基金等金融机构占有和控制的货币及虚拟资本。促进产业资本的转化具有重要意义，它有利于促进产业结构的调整，改善企业的资本结构和治理结构；有利于加速工业化、现代化、城镇化进程，破解小微企业融资难问题；有利于进一步深化银行体系改革，健全金融体系；有利于维护经济秩序和社会稳定。

推动资金向产业资本的转化，其本质是促进储蓄向投资的转化。产业资本的形成包括两个阶段：第一阶段是储蓄的形成阶段，在该阶段商业银行将个人、家庭、企业、政府等经济主体可支配收入集中起来，形成国民储蓄。第二阶段是储蓄的转化阶段，在该阶段，将国民储蓄由货币资本的形式转化为实物资本，形成现实的生产能力。第一阶段储蓄形成的规模和速度，都会影响到实物资本的形成规模和速度，对产业结构的升级调整效果起着积极的作用。

商业银行支持产业升级，依赖于商业银行发挥间接金融的转化机制，即先由储蓄者将储蓄转移到金融机构（取得金融机构的债权），再由资金的需求者向金融机构借款，并将借款转化为投资。当然，在商业银行发挥主导作用的间接金融转化机制中，商业银行接受了居民的储蓄，完成了储蓄的聚集，这部分聚集的资金或者以借贷的方式进入实体投资，完成储蓄到投资的转化，或者滞留在金融机构沉淀下来，为潜在的投资需求提供了资金保证，还需要实际的投资需求来促进这一部分资金的转化。一般而言，在金融相对发达的地区，以银行为中介的间接储蓄，可以确保资金盈余单位根据流动性、收益性和安全性的组合，选择多种储蓄形式。而商业银行体系通过提供便利的服务，降低资金盈余者搜寻资金短缺者所花费的时间和精力，为企业提供了相关的市场信息，引导企业和投资者根据自己的风险偏好、资金规模、风险抵御能力和市场状况等，改变生产要素的分配结构，助推产业资

本的形成。以商业银行为核心的金融中介的出现，提高了储蓄投资转
化的效率，对高效产业资本的形成具有重要的推动作用。

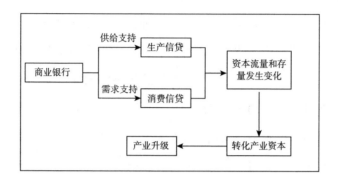

图 3-1 产业资本的形成和产业升级的路径

二 促进产业资本的合理优化配置

产业结构的升级调整，是产业与产业之间协调能力的加强和产业
与产业之间关联水平的提高。投资的合理化，则是实现这一过程的重
要途径。投资的合理优化，有利于按照产业转型升级的要求，优化产
业结构，协调产业间比例关系，提升产业结构质量。因此，商业银行
对现有资产存量进行优化配置的过程，是实现产业升级调整的重要路
径。产业资本的存量和增量调整，表现为各产业之间资源的流动、配
置、重新组合。实现产业资本的优化配置，其核心是提高资本的配置
效率，高效的资源配置是确保资源能够流向具有价值创造能力的高效
产业和行业。社会资金在各个部门的流动以及生产要素的优化配置，
离不开商业银行持续性的资金供给，商业银行是加快产业资本合理配
置的重要推手。

商业银行助推产业资本的合理配置，实质上是确保商业银行的信

贷资金流向与产业政策导向的一致，防止出现产业资本的转向、偏离和弱化。商业银行根据产业发展情况和宏观调控目标适时、适度进行调整，逐步完善信贷资金产业配置体制机制，就能够很好地配合国家政策，优化产业结构的升级调整。具体而言，合理配置农业、工业、服务业三产信贷资金，巩固农业作为支柱性产业的基础性地位，提升作为实体经济的工业发展水平，提高服务业的质量，提升行业内优势企业的竞争力。推动商业银行优化产业资本的配置，需要建立在两个前提下。首先，产业资本的合理配置，需要有高效的金融中介机构、多样化的金融工具、健全的金融市场管理监督，这些是促进产业资本合理配置的制度前提。其次，市场化融资机制的形成。随着经济资源的控制和支配逐渐由实物转向货币形式，产业资本的流动越来越表现为各种金融工具、金融产品的市场化流动。它能够提供及时、准确的市场信息，引导社会资源在各产业、部门之间合理地流动，促进了资源在不同部门、产业、地区之间的流动，实现产业资本的市场化流动配置。

为实现这一目标，总体来说，商业银行信贷机构主要通过以下三种途径来影响产业结构：首先，合理选择信贷投放行业，引导信贷资金在不同行业的配置。商业银行通过对投放对象的选择和评估，推动资金的最优配置。商业银行通过调整投入对象结构，保证信贷资金向国家重点扶持的行业倾斜，保证重点行业发展。其次，选择合理的投放期限，如商业银行可发行短期消费性贷款刺激消费，保证企业短期资金的流动；发放中长期信贷投向基础设施建设以及固定资产投资等领域，确保信贷支持对产业结构短期调整和长期扶持的双重效应。最后，合理选择投放对象。银行信贷投放对象包括消费类信贷和生产类信贷，商业银行通过消费类信贷刺激居民消费、扩大内需，以消费为趋导动力，改善生产。通过生产类信贷，促进企业扩大再生产，积累生产资本等。

三 利用金融创新提升产业发展质量

产业转型升级，实现由收入弹性低、技术落后的传统主导产业群向收入弹性高、生产技术先进的新兴主导产业群之间资源配置转移的效率和速度，需要商业银行利用信用创造功能，加大对产业升级的渗透。

产业结构的调整中，随着产业规模的扩大，应用新技术、开发新产品加快产业结构的提升，实现资本在各个产业、部门、地区之间的流动和配置，对产业资本的集中速度和集中效率提出了越来越多的要求。要实现这一过程，客观上需要商业银行动员储蓄、优化投资的金融创新，扩大了产业资本的支配影响范围，加快了产业资本流动，增强产业发展中防范市场风险的能力，把潜在的资源现实化，推动产业结构的升级调整。商业银行助推产业结构升级的路径在于，通过利用金融创新，主动通过信用创造功能渗透产业结构升级的过程中，支持高新技术产业，发挥产业结构升级调整的功能。特别是随着当前企业竞争形式发生变化，即由原先的价格竞争发展到销售竞争、技术竞争和资本竞争，需要以大量的资本为前提，这就对商业银行提供的金融资本以及其创新提出了越来越高的要求。

推动金融创新，关键在于加大对高科技产业的融资，进而推动产业结构的优化与升级。高新科技产业前期风险高，但是一旦技术成熟并且实现技术成果市场化，其投资回报率相对较高。通过金融创新支持高新技术产业，商业银行信贷可以实现良性循环，促进产业资本的信用扩张，实现产业结构向高新技术产业的有效升级。在这一实现过程中，商业银行利用银行信贷发挥了资金对资源配置的替代效应和扩张效应。替代效应是指商业银行对传统产业贷款的额度不断减少，并随之转移到高新技术产业上。扩张效应指商业银行在支持高科技产业发展的同时，利用市场信号，使政府重新调整信贷规模。高技术产业的发展需要巨额资金的支持，政府为激发企业创新和技术革新的积极性，可相应提高传统产业的贷款利率减少对传统产业的支持，同时上调储蓄利率以吸引更多的居民存款，增加信贷发放总额，依据产业发展政策促进高科技产业的发展。

商业银行利用金融创新推动产业升级，不仅成为产业升级的重要路径，也成为商业银行参与市场竞争的主要路径。各大商业银行推出的新业务层出不穷，外汇理财、网上银行业务发展尤为迅速，商业银行的金融创新，甚至渗透产业结构升级的过程中，推动产业结构升级的加快，也使商业银行在市场竞争中不断拓展业务范围，提高市场竞争力。

四 促进产融结合提高服务实体经济的能力

产融结合是产业资本和金融资本相结合，实体经济与虚拟经济相结合。产业资本和金融资本的成长是经济增长内涵的两个主要方面。前者体现经济的实物状态，而后者则是在价值形式上的反映。随着经济的发展，企业与商业银行之间逐渐出现自愿互利基础上实现产融资本双向渗透的产融结合模式，具体的实现方式是：第一，引进国外战略投资者。引进战略投资者，可以提供更多的贷款资源，强化银行系统，提高金融体系效率，优化自身资本，促进本土金融市场的健康发展、有序竞争，引导商业银行更好地服务于实体企业。第二，鼓励效益好的国有大中型企业、民营企业参股商业银行，为民间资本拓宽投资渠道。同时，商业银行的增资扩股，也有助于壮大自身实力，扩大盈利空间，提高服务实体经济、促进产业转型升级的能力。

商业银行实现产融结合的模式包括：全能银行形式，即在商业银行内部下设银行、证券、保险、实业等业务部门，实行金融混业经营。在这一组织形式下，商业银行经营仍以金融业务为主体，但不限制产业部门资本与银行业资本的融合。这一模式，一方面可以确保各项金融服务的开展，另一方面通过持有股票、债券等参与实体企业的重大经营活动，促进实体企业的健康发展和产业的优化升级。还有一种模式是金融控股公司形式，这一企业组织形式下，金融控股母公司不从事具体经营业务，而是通过资本联系、从事股权投资收益活动。下设的商业银行、证券公司、保险公司、实业公司等子公司采取"集团混业、经营分业"的模式。既能实现混业经营，又能促进利益主体的相互协作。

产融结合，一定程度上缓解了信息不对称，特别是在信贷市场上，商业银行与企业之间由于信息不对称从而导致贷款风险的出现。一方面需要融资的企业，会设法隐瞒对自己不利的信息，从而使银行误选资信较差的企业，使自身利益受损。同时，获得融资的企业，担心贷款归还后，难以获得银行持续的信贷再支持，从而产生不及时还款等道德风险的出现。相反，商业银行基于风险和监督成本角度，对不及时还款的企业，设法采取退出的方式。在这当中，信息的不对称，使商业银行和企业方面都设法寻求消除信息不对称的有效方式。因此，产融结合成为搭建商业银行与企业之间长期密切的关系，推动彼此之间相互了解，保证商业银行能够更好地服务实体企业，引导企业创新，促进产业的升级调整。

第四节　银行支持产业升级的现实模式

商业银行支持产业升级调整有其现实的模式。这种现实的模式，是紧密结合产业政策和产业发展规模，通过商业银行信贷政策杠杆和商业银行本身的市场战略予以实现的。商业银行支持产业升级的现实模式包括：推动信贷政策与产业政策协调、鼓励商业银行金融创新服务产业发展、加大商业银行与政策性银行的合作、探索拓宽小微企业的融资渠道。

一　推动信贷政策与产业政策协调

产业政策是国家对经济进行宏观调控的重要机制，促进信贷政策与产业政策的协调，最终目标是实现经济社会的健康协调发展。商业银行对国家产业政策的协调和支持，是商业银行推动产业升级的现实模式。它具体表现在以下三个方面。

第一，根据产业发展的特征，确定商业银行的信贷扶持政策。商业银行结合国家产业政策和产业发展的规律，通过对信贷政策的调整是推动产业升级调整的重要手段。根据国家产业政策，商业银行可将贷款投向细分为倾斜类、适度支持类、审慎支持类、退出与禁止类等，通过优先支持新兴行业、民生工程，致力于解决地区差距、完善基础设施建设，控制产能过剩行业，禁止支持过剩产业及环保不达标、手续不齐全的固定资产投资项目。通过信贷政策的调整，有选择地进入和有选择地退出，引导生产要素流向，合理优化产业结构。在重点扶持的产业上，可以通过在信贷资金安排、信贷投放时间安排的优先地位的确立，来保障政策扶持的力度和效果。如在民生保障项目上，可加大对公共交通、医院、学校等涉及民生保障的重点项目的信贷投放。在这当中，商业银行应确保信贷投向政策与国家产业政策相结合、信贷结构优化与经济增长模式调整相结合、信贷资金投入与配套资金到位进度相结合、市场自我调节与客户"择优限劣"相结合，在实现信贷有序增长的同时，服务于国家产业政策，推动产业结构的优化和升级。

第二，充分发挥现有金融机构的作用，推动地方性商业银行增资扩股，吸纳民间资本，拓宽民间投资渠道，扩大民间资本比例。这有助于商业银行稳定金融秩序，更好地提高其对实体经济服务的能力和水平。现有的地方性商业银行通过增资扩股，有助于打开民间资本投资银行的大门；鼓励企业积极参与商业银行配股增发和次级债发行，提高商业银行资金投放的能力，促进商业银行对实体经济的反哺；继续推进商业银行与战略投资者的合作，积极鼓励商业银行引进境外商业银行投资，吸收其先进的技术和管理；完善资本管理机制建设，提升资本集约管理水平；发展理财产品，增加民间资金投资渠道。商业银行通过自身市场战略的调整，构建金融发展新模式，提高商业银行的市场竞争力，在实现金融秩序稳定的同时，走上差异化的经营发展之路。

第三，针对实体经济的薄弱环节，设定灵活的信贷扶持政策。由于区域环境、信息分布、文化层次等方面的差异，一定程度上造成分配不合理、结构不协调状况的出现。这具体表现于解决瓶颈部门、弱质产业以及区域的不平衡等问题。因此，商业银行推动与产业政策的协调，应着眼于支持实体经济薄弱环节，促进产业结构的升级调整。具体着重于：首先，利用信贷政策突破解决社会复合型的约束，如在"三农"方面，注重解决农业效益低而风险大的问题；在小微企业方面，力图通过信贷支持，弥补其规模小、风险能力差的缺陷。其次，利用信贷政策，消除经济社会地区非均衡的现象，如强化信贷的行为约束，促进区域性商业银行资金反哺机制和回流机制，特别是鼓励区域性商业银行将新增存款一定比例用于当地贷款，并适时将范围扩大到更多机构和地域。再次，通过信贷支持实现产业成长困难性和潜在高成长性的共存共生，在遵循产业发展特征的前提下，将具有市场、科技含量相对较高并且有增长潜力的小微企业，扶持成产业集聚中起主导作用的龙头企业。最后，在规范贷款利率定价上，商业银行可根据薄弱主体产业周期、企业信用状况和盈利水平，提高贷款风险的容忍度，尤其是灵活利用利率浮动区间扩大带来的定价空间，对弱质产业带中具有发展潜力的市场主体予以让利减负，减少企业的融资成本。

二 鼓励商业银行金融创新服务产业发展

商业银行采取率先示范的方式，颇具前瞻性地推动银行推出一系列产品和服务创新，不仅为其立足市场和未来发展开辟了崭新道路，也有效地解决了企业多元化的资金需求，推动产业的升级调整。随着金融业竞争的日益激烈，商业银行未雨绸缪进行战略转型和产品创新，组建专门的产品创新机构，在推动金融创新的过程中不断探索有关产品创新机制，这折射出商业银行加快自身金融服务创新的现实性和紧迫性。尤其是，随着市场份额的重新分配，商业银行规模和资本已不再是决定其盈利的主要因素。商业银行市场定位、客户选择、商业模式、产品创新能力、定价能力和风险管理水平等对其盈利具有更大影响，这也决定了商业银行通过产品和技术的创新驱动，成为支持低碳经济、推动产业升级调整的现实模式。在现实操作中，可形成积极的产业服务效益。

第一，积极拓展碳金融业务，加大创新，推动空间的提升。商业银行对信贷融资活动中的环境与社会代价进行考核，推广绿色信贷，有利于遏制高耗能、高排放的产业，对环保产业、绿色产业、生态产业产生正面激励作用，这将有助于产业的转型升级、社会生态环境的改善，促进企业自身社会责任的形成。商业银行在这一过程中，结合CDM 项目，开展质押绿色信贷；推动碳金融表外业务发展，进行碳金融衍生品创新；抓住机遇推广碳金融理念，培养专业人才并探求多方合作。这些业务的创新与开展，有助于扩大碳信用市场，加强我国商业银行与多国间金融机构间的合作能力，提高商业银行盈利的能力和空间，同时有助于提升商业银行的社会形象。

第二，积极结合企业融资困境，开展金融产品的创新。在贷款偿还方式上，为减少企业筹集还贷资金所需的时间成本和资金成本，并且减少企业因转贷压力涉足民间借贷的风险，商业银行积极设计无还款续贷的金融产品。在担保物融资范围上，除不动产外，股权、排污权、专利权、商位使用权等各种权利和企业无形资产均可用于企业融资，大胆引入知识产权的质押贷款。在优化供应链、优化产业链结构上，开发了诸如弱势企业可借助核心客户信用的"1+N供应链融资"、供应商凭借大卖家订单的"网络银行电子商务大卖家供应商融资"、利用产品上下游销售形成应收账款的"应收账款质押贷款"等，满足企业多元化的融资需求。这一系列金融创新，在注重小微企业弱质性和成长性的基础上，注重从优化产业链的角度出发，面向行业龙头的上、下游企业提供产业配套的金融服务，有助于小微企业包括孵化期科技型企业能够顺利获得信用贷款支持，解决融资难融资贵的难题。另外，商业银行也应重视推动贷款集成创新，利用信息化、网络化先进技术，开展集成创新，推广"信贷工厂"模式，实行一站式和限时审贷，为企业的融资提供便利。

三　加大商业银行与政策性银行的合作

政策性金融是政府金融机构充当金融中介，它以比商业性金融机构更低的金融服务价格向特定产业实施倾斜式融资。政策性金融，由于其在信息生产上的优势，有助于筛选优良企业，审查企业投资项目的可行性和企业经营管理是否稳健。尽管政策性银行在产业结构调整当中功能相对有限，但是在产业升级调整中，它仍然具有不可替代的作用。政策性银行通过贷款发放和信息生产活动，客观上有助于诱导、带动商业银行向贷款企业融资，它向商业银行传递这样的信息，即要求融资企业所在行业属于政府的产业政策给予支持的、有较好发展前景的行业，经由政策性银行对企业信用情况、经营前景、还款能力的评价，具有正面性和积极性，有助于消除信息上的不对称。这些信息将有助于商业银行明确信贷资金走向，保证资金投向国家政策重点支持的相关产业，实现营利性和政策性的统一，达到提高银行竞争力和实现产业结构调整的双重目的。

因此，商业银行需要定位自身与政策性银行的关系，更多利用与政策性银行合作与补充的关系，弥补商业银行在产业扶持上的不足。首先，充分利用政策性银行提供的信息，确保资金的正确引导。政策性银行重点扶持的项目和企业，既符合国家的产业扶持政策，又表明企业本身具有良好的经营业绩和防范风险的能力，而企业本身的优良特质，又具有良好的信息"溢出效应"，因此商业银行可以采取"搭便车"的方式，加大对相关产业的扶持。其次，由于商业银行长期资金供给能力和风险承担能力不足，企业的融资主要是短期贷款，不能直接满足企业设备投资资金的需要。因此，商业银行可充分与政策性银行合作，利用政策性银行在"量"上的弥补，借助政府信用的担保，参与对相关项目的资金支持。最后，商业银行对高风险的高科技产业以及投资回收期较长的基础产业的融资缺乏足够的动力，因此可充分利用政策性银行在"质"上的提升，在长期资金的提供等方面开展合作，保证基础设施和重点产业的有序推进，促进产业结构的升级调整。

在实践操作中，加强商业银行与政策性银行的合作，创新金融服务产品，对于缓解企业资金压力，降低小微企业的融资成本，具有重要的现实意义。政府通过牵线商业银行与政策性银行，建立战略合作协议，促成企业融资与银行放贷的实现。商业银行与国家开发银行的合作，可以积极推动国家大型项目的实施；与进出口银行的合作，可以积极扶持出现资金瓶颈的外向型企业，鼓励企业走出去，提高外向型企业的国际竞争力。而与农业发展银行的合作，则可以有效配合国家扶助"三农"的政策。2013 年，浦发银行温州分行与国家开发银行浙江分行合作开展的针对温州中小企业规模达 30 亿元的集合贷，以温州市金融投资集团为统借统还的借款主体，浦发银行温州分行就中小微企业集合贷款项目向国家开发银行浙江分行出具借款保函并提供连带责任担保。再如，温州银行与中国进出口银行浙江分行，通过统保代管方式开展合作。温州银行将向进出口银行浙江分行推荐符合条件的中小型企业，由温州银行开立融资性保函，委托进出口银行浙江分行发放贷款。通过战略协议，双方在"走出去"业务、银团贷款、贸易融资业务、代理业务、支持小微企业等方面加强合作。这不仅解决了面临融资瓶颈的小微企业的困境，也对于满足企业多元化需求、推动产业结构升级，具有现实的可操作性。

四　探索拓宽小微企业的融资渠道

小微企业是重要的市场主体，对于优化产业层次、解决劳动力就业、活跃市场，具有积极的意义。不过，小微企业由于自身存在的问题，融资难成为长期以来的发展瓶颈。特别是小微企业实力薄弱、再加上数量众多，其本身根本不具备对金融机构的议价能力，因此很难实现融资渠道的拓展。与之相对的是，许多地方民间资本相对盈余，却又找不到一个合理有效的投资环境，这就造成民间资本多而投资难、中小企业多而融资难的矛盾，这一矛盾极大限制了资金的运行效率。解决小微企业融资难的问题成为商业银行支持产业升级的重要现实模式，也是重要的目标之一。

第一，设计消除互保链的风险，促进小微企业健康成长，尽可能降低金融风险。如商业银行鼓励探索小微企业互助贷款。在"自愿互助、风险共担、利益共享"为原则上，推出小微企业互助贷款，引导企业成立互助组织，设立互助资金。通过设立互助基金贷款，将会使信贷规模更大，其本身抗风险能力也更强，并且可以采取开放式基金的设计模式，后续操作更为简单。而且，互助合作基金贷款，成员以认缴金额为限，为互助合作基金的履约责任承担风险，阻断了担保连锁反应。这就避免出现联保贷款中以全部身家为联保体履约责任承担风险，不至于引发某一借款人"跑路"造成的连环道德风险。互助基金防御风险的机制表现为内设两级风险准备，包括互助保证金和风险抵御金，企业准入仅需缴纳一定比例的保证金和风险抵御金。两级风险准备，实质上构建了报备和核销制度，不良资产处置更为简单。数量庞大的小微企业参与并通过基金获得商业银行贷款，有利于小微企业上、下游企业解决资金难题，推动产业链的完善。

第二，针对小微企业布设小企业信贷专营机构。鼓励商业银行积极设立小微企业专营支行，在市场定位上，小微企业专营支行授信对象仅限于小微企业和个人。在竞争关系上，小微企业专营支行具有一般分支行无法比拟的优势，为防止恶性竞争引起的内部资源的分流，应根据小微企业成长性和变化性，采用动态标准匹配小微企业的动态发展。如企业一旦成长起来，超出了小微企业专营支行服务的范畴，就应将其划归到其他网点管理。同时，为了让小微企业专营支行专注本业，商业银行有必要设计特别的运营机制，如对小微企业专营支行不要下达存款、中间业务和效益等传统商业银行的绩效考核指标，只对小微企业专营支行所涉及的小微企业授信户数、放款户数、新金融组织合作等目标进行重点考核。通过专营机构，加大商业银行服务实体经济的力度，促进产业的升级调整。

第四章
微观层面产业升级与银行支持的关系

　　产业升级调整，实质上资源从配置效率低的产业或部门转移到配置效率高的产业或部门。在该过程中，要素在不同产业和部门之间进行转移。商业银行支持产业升级调整，从根本上说是以信贷资金为手段，合理调整资金在部门的配置，进而带来生产要素在部门和企业之间转移，推动资源合理有效配置，促进产业结构的逐步升级。从微观层面上看，产业升级需要根据国家产业政策，着力解决产业结构的优化、产业组织的优化、产业布局的优化，推动产业创新。商业银行支持产业的升级调整，应充分利用商业银行的信贷中介、信用创造功能，根据国家产业政策导向和政策导向，合理配置信贷资源、创新服务模式，为产业的转型升级提供多样化的配套服务。

第一节　产业结构优化的银行支持

　　产业结构的优化调整，从根本上说信贷资金的部门配置带来生产要素在部门和企业之间转移。产业结构的优化，离不开商业银行持续性的资金供给，也离不开商业银行有序的信贷管理。在产业结构调整中快速成长的产业，其根本原因在于产业具有良好的市场前景，能为各种来源的资金投入提供回报。相反，衰退中的产业，经营前景黯淡，投入的资金很难达到相应的回报，从而失去了对社会资金的吸引能力。由于社会资金的集中，商业银行逐渐成为社会资金配置和流向的重要决策者和执行者，信贷资金的运动引导生产要素、技术、人员之间的流动，商业银行的信贷支持，也因此成为社会资源优化配置、产业结构优化调整的重要推手。不过，产业结构调整在未成为商业银行信贷资金运行的自觉行为时，推动商业银行经营理念、管理创新成为至关重要的突破口。

一　商业银行支持产业结构优化的机制

一般而言，产业结构的调整和优化是通过增量调整和存量调整来实现的。商业银行的支持产业结构优化主要是通过金融市场、金融工具、金融政策的运作来影响产业的资金供求，最终实现产业结构的优化和升级。

其一，商业银行通过信贷中介为产业结构的优化筹集必要的资金。推动产业结构的优化，需要形成庞大的产业资本予以支持，单靠个人储蓄的积累，无法满足产业培育和成长需要配套的资金需求，这必然需要银行体系的支持。银行体系通过采取诸如回购央行票据、增加再贷款、降低法定存款准备金率、公开市场业务买入国债等方式，增加基础货币的投放，促进信贷扶持产业资金的形成和集中，为产业结构优化提供坚实的信贷资金。当投资形成的生产力不会对要素形成制约、对体制形成障碍、对市场形成限制时，资金投入规模与产业结构优化调整进程呈正方向变动，庞大的产业资本的形成，是加快产业结构调整的坚实动力。

其二，商业银行以退出和进入的方式，引导信贷资金从低信用等级客户、中小企业、短期贷款、行业信贷政策限制及退出类客户中退出，在信贷资金重新配置中，商业银行的信贷将呈现贷款长期化、向大客户倾斜、行业高度集中、信贷资金逐渐投向绿色产业、低能耗产业。通过退出和进入，商业银行信贷资金一方面将逐渐向少数行业集中，支持了一批重点优势企业，推动了产业结构优化升级，另一方面信贷资金配置也日益高效化、绿色化，扶持绿色产业、生态产业的发展，推动产业的更新换代。而且，信贷资金配置长期化，有利于满足交通、运输等基础产业资金需求，为产业结构优化调整创造条件。

其三，商业以信贷资金为媒介，推动资源在部门之间的合理优化配置。商业银行的信用活动通过市场化的利率和资金分配机制，影响生产要素在不同部门之间的分配比例，从而推动产业结构的优化调整。商业银行按照国家产业政策的要求，按照资金运作风险与收益的均衡原则，确定企业的融资规模以及信贷资金的使用方向，引导资金从低效率企业和行业转向高效率的企业和行业。信贷资金的流动带来生产要素的重新分配，促进优胜劣汰机制在不同部门进行资源的优化配置，推动产业结构调整的实现。在这一过程中，诸如低碳经济、物联网经济等绿色和低消耗新型产业、优势产业、特色产业，由于符合国家产业政策，更容易获得商业银行的信贷支持。相反，诸多经营管理不善、发展前景不佳的企业，则难以从商业银行获得信贷支持。

其四，商业银行可以集中调度和利用资金，贯彻政府的产业政策。商业银行体系作为政府贯彻国家产业政策的重要制度安排，许多发展中国家和地区，商业银行成为政府支持重点产业和支柱性产业发展、贯彻国家产业政策的重要工具。政府通过国家产业政策以及宏观调控的总体要求，通过对商业银行组织体系的控制，调整市场货币供应总量，促进产业结构调整政策的实施。商业银行除了要加快自身发展方式转变之外，还应根据国家产业政策调整的需要，确定信贷资金的投向，支持符合产业政策的特色企业的发展。因此，商业银行在国家经济发展方式转变的过程中发挥着积极作用。在确保资金流向方面，商业银行应基于国家产业政策调整的需要，积极发展低碳经济、物联网经济等绿色、低消耗新型产业，支持小微企业的培育和发展。注重对企业转型变化中的过程检测和前景预测，要注重综合效益和社会效益，为企业提供全面、特色化的金融服务，避免以资金收益作为商业银行信贷投向的唯一追求目标。在推动企业实施转型的同时，商业银行应加快自身发展方式的转变，走资本节约型的发展道路。

二 商业银行支持产业结构优化的方式

商业银行利用倾斜的信贷政策，集中信贷资源投向重点发展产业和有潜力的资本密集型、技术密集型生产企业，推动产业的转型升级。在实施过程中，商业银行以国家货币信贷政策为依据，运用信贷杠杆调整和优化银行信贷资金投向，注重筛选具有市场前景的新技术项目，着力支持节能减排绿色项目，调整压缩高耗能、高污染行业贷款，推动节能循环经济的发展。推动金融创新，提高社会资源的配置效率，降低实体经济的运营成本，促进实体经济的稳定发展。

不过，商业银行在经营中，往往因为比较注重营利性和安全性的统一，从而使商业银行自身的经营行为具有相对的稳健性。这可能导致盲目市场竞争条件下商业银行信贷投资过于注重短期利益，对于风险相对较大、周期相对较长的技术开发项目，难以获得商业银行持续的金融服务。因此，需要重新调整商业银行的市场评估指标和市场发展战略，改变传统的金融服务思维，让商业银行信贷支持催生产业转型升级的动力，真正实现信贷支持与产业结构的优化有机结合。

（一）合理引导信贷资金的流向

在贷款资金投向上，商业银行通过对信贷资金流向的合理引导，推动产业结构优化调整。具体措施上：一是通过对自主创新重点企业和重大项目的信贷投入，支持企业提高自主创新能力。加强对国家产业政策的宣传，对产品科技含量高、市场竞争力强和国家已立项的新项目加强信贷支持力度，合理引导地方政府和企业加快产业结构调整、优化产业布局。二是商业银行对一些产能过剩、高耗能、高污染项目在信贷资金投量上严格把关，通过对高耗能、高污染企业存量贷款的逐渐退出，积极引导循环经济，加速推进产业转型。加大对节能环保工程、污染治理工程和资源综合利用等项目的支持力度，帮助企业淘汰落后产能，推行节能减排和清洁生产，建立信贷扶持绿色产业发展的长效机制。对国家法律法规和产业政策明令禁止或限制支持的项目，停止新增贷款，并限期压缩存量贷款。三是注重优化信贷投资结构，加大对"三农"、服务业、小微企业、自主创新、节能环保等产业发展薄弱环节进行的重点信贷支持，建立相应的市场营销体系发展绿色金融等。对农业等基础产业的信贷支持中，商业银行应结合农业的特殊地位以及国家对农业的优惠政策，提供相应的信贷优惠政策，加大对农业基础设施等的信贷投入，保障农业的可持续发展。针对小微企业，商业银行应采取多种渠道支持企业的发展，比如积极开创面向小微企业的金融产品，探索建立适合小微企业特点的评级和授信制度。通过对"走出去"项目的支持，大力促进本土企业从利用外资向海外生产转型，加快向海外市场拓展，提高在海外市场的竞争力。四是注重信贷资金投向的管理。根据产业政策的导向，对经济效益好、企业资信良好、有稳定还款来源的企业，可以根据企业的情况提供信贷支持，增加其周转流动的资金。对许多外向型企业，商业银行还可以支持其有效益的产品出口，操作中允许其存量贷款展期，进而盘活周转资金，帮助企业走出经营困境。

（二）有序扩大商业银行的服务领域

从金融服务看，商业银行对经济服务的业务种类和服务领域不断扩展，从最初的储蓄、贷款单一的业务品种扩展到包含信托理财、融资租赁、项目融资、并购重组、股权私募、银团组建、资金托管、资产证券化等商业银行领域的一系列金融业务。商业银行通过探索多种融资方式，对市场发展前景良好的优质企业、特色企业，以企业成长潜力、经营能力、企业信用等主要指标为判别标准，简化授信，开展灵活的信贷支持。创新贷款方式，放宽相应的融资担保和贷款条件，适应经济转型时期产业结构优化对信贷的合理需求。商业银行业务的拓展初步满足了产业转型、结构优化的金融需求。

特别是针对产业升级的特征，商业银行内部研发新型的金融服务模式则显得至关重要，包括：第一，拓展营业网点，提高金融特色产业的能力。如为了更好地推动服务的多元化，商业银行应确保经营网点布局系统化、密集化，形成区域经营网络，让经营网点紧跟企业和项目。第二，拓展个人金融，强化增值服务。商业银行应重视对消费信贷的拓展，针对居民的个人金融服务需求，提供种类齐全的金融服务。实现传统金融业务服务模式的转变，利用新型的金融电子工具，提升个性化的金融服务水平。第三，创新商业银行金融服务方式，提高商业银行的金融服务水平。拓展电子支付系统，提高商业银行的信息化水平。缩短授信审批时间、减少信贷审批环节，有效提高商业银行支持效率。

（三）合理优化产业链资金的均衡配置

优化产业结构，需要商业银行利用信用中介，合理优化产业链上、下游的资金均衡配置。在企业分工体系中，以供应链为核心的企业结构体系的优化，有利于实现产业整体竞争力的提升。在供应链上，对于任何节点的企业，商业银行提供多项可以视自身交易细节选择的业务品种，从产品的加工环节向价值链上游的研发设计和下游的营销品牌等环节，设计相应的金融服务产品。

所谓企业供应链是指产品生产和流通过程中所涉及的原材料供应商、生产商、分销商、零售商以及最终消费者等成员通过上、下游成员的连接而形成的网络结构。商业银行支持产业结构的优化，应对供应链结构特点以及商品交易细节进行准确把握，借助核心企业的信用实力和单笔企业商品交易的自偿程度，对供应链单个企业或者上、下游多个企业提供全面的金融服务。商业银行在将供应链相关企业作为一个整体，根据交易中构成的链条关系和行业特点设定融资方案，一方面为大型企业提供优质的理财服务，另一方面将资金有效地注入处于相对弱势的小微企业，通过分类的特色金融服务解决供应链中资金分配的不平衡，促进供应链中大小企业的协同发展，提升整个供应链企业全体的整体竞争力。基于供应链的管理，商业银行可根据企业在产业链上的地位，选用合适的金融服务产品。如在贸易融资金融产品上，整合涵盖应收、预付和存货全程产业链环节，横跨国内、国际、离岸领域产业链融资产品，并且根据产业链的特征，不断创新完善产业链金融支持的新产品、新服务。基于产业链资金均衡配置的金融支持，形成产业内、产业间的拉动效应，实现产业整体的升级调整。

在供应链信贷管理上，商业银行往往在供应链中选择优质的大型企业作为核心企业，利用其信用，将信贷资金注入上、下游处于相对弱势的企业中，盘活供应链中其他小微企业的存货和应收账款，从而降低整个供应链的平均融资成本，解决了信贷资金不平衡的分配状态。这种方式，有助于供应链中企业扩大产销量和客户群体，提升产业的市场竞争力和品牌地位，稳定供应链之间的购销关系，促进供应链的良性循环。

（四）积极鼓励"走出去"和"引进来"的结合

商业银行推动产业结构的优化，还需要积极鼓励企业"走出去"。在资金上，商业银行积极支持具备条件的企业，以境外投资设厂、带料加工装配、承包工程等多种形式"走出去"。在对市场行情和产业链分工关系合理考察的基础上，商业银行对到境外投资设厂，尤其是利用国内设备和零部件到国外进行生产和组装、其生产产品在国内市场趋于饱和但是国外市场前景看好的企业，基于生产线转移的角度，商业银行应该予以充分的信贷支持。通过创新金融服务模式，重点支持有实力的企业参与境外投资，支持有条件的企业收购境外知名品牌及其销售网络等优质资产要素。提供避险金融服务，积极为外向型企业提供汇率、利率走势等方面的专业分析及外汇保值产品，帮助企业规避汇率风险。强化商业银行海内外分支机构联动服务功能，注意整合商业银行现有在海内外一切业务资源，为企业提供海内外一体化金融特色服务。

在推动"走出去"的同时，积极利用"引进来"的契机，优化产业结构。商业银行可充分将外资与国内产业结构调整、引进先进技术和促进出口结合起来，杜绝对低效率重复引进的项目进行注资。在利用外资推动国内产业结构优化时，一方面要积极引导外资流向高科技行业，特别是鼓励外资投向现代服务业、节能环保产业、民生产业。

另一方面要择优扶持外商投资企业和项目。特别是龙头型或基地型外资项目,通过简化审批程序进行重点支持。

第二节 产业组织优化的银行支持

商业银行支持产业组织的优化,需要紧密结合经济社会产业组织结构演进的一般趋势。大型企业是主导一个国家国民经济和产业竞争力的重要主体,是推动创新的主要载体,是企业规模和产业组织形式演进的趋势。但是,长期以来,随着专业化分工的发展和消费需求多元化的趋向,小微企业对于推动产业结构的优化,也显现出自身的优势。这种不同规模企业形成的分工发达、竞合结合的企业共生网络化的产业组织形式,有利于提高市场的组织化程度,促进产业发展满足多元化、多层次的需求。商业银行支持市场组织化程度的提高,需要在这种密切协作的分工关系中,根据金融服务需求,构建多层次、多功能的服务体系。

一 商业银行支持产业组织优化的现实障碍

长期以来政府过度干预金融运行导致产业组织结构分散、过度竞争、缺乏效率。特别是在地方利益的驱使下,地方政府加强对金融业的控制,这造成了区域产业趋同、规模不经济、产业组织结构分散化、小型化,不能实现协同效应。而市场的过度竞争,也造成产业组织效益降低,企业生产能力过剩。在这一过程中,商业银行在地方政府政策引导下,频繁参与重复建设的投资项目,支持短、平、快的投资项目,盲目支持企业扩张,从而造成产业组织结构规模不经济。

目前,产业组织、商业银行的金融服务体系,导致了金融服务的提供与金融服务的需求出现了错位。商业银行提供的金融服务水平和种类极大程度上制约了企业集团的协同效应的发展和不同规模企业之间分工协作关系的体现。特别是目前商业银行提供的金融服务，金融服务技术含量相对较低，符合市场需求与消费需求的金融创新还存在着体制性的约束。如许多商业银行针对新业务、新产品开发大部分集中在总行，直接对企业服务的基层则不能或者是无力开发，许多金融衍生工具业务，尽管许多商业银行都在开展，但主要由各自的总行办理，产品相对单一，并且难以充分满足企业在经营管理当中的业务需求。特别是针对不同类型的市场产业组织，尚未形成分工明确、特色化显著的金融服务体系。

对于大型企业来说，对金融服务的特色化需求、服务效果与商业银行的目标定位、服务方式、产品供给，还需要寻求新的契合点。首先，由于规模的逐渐扩大，企业信贷特征也逐渐显现出信贷需求膨胀、单笔信贷资金规模庞大等特征。许多大小商业银行，为了追求规模效应，竞相收揽大型企业作为其重点融资的对象，导致贷款资金过于集中。商业银行这种同质化的经营，使信贷资金过度集中，因此商业银行的相关决策最终也不得不服务企业的需求，并且很大程度上将承担企业经营转嫁的风险。其次，随着大型企业经营的多元化，商业银行也面临着满足企业多元化经营的信贷需求与可能出现的信贷风险的矛盾。特别是大型企业进入投入大、回收期长、资金链长的产业，极易导致信贷风险的发生，造成商业银行信贷资产的损失。最后，商业银行对与大型企业相关的产业链的管理重视不足，鉴于业务的限制，商业银行对与大型企业所在产业链的上、下游缺乏重视，从而造成产业组织之间的协同能力不能有效地得以发挥，这使商业银行提供的金融服务与企业运用金融服务扩展增值链的需求不能形成契合。

对于中小企业乃至小微企业而言，有待加快融资困境的突破，推动商业银行明确市场定位、开展金融服务创新。首先，企业由于规模小、人员少、组织机构简单、账目管理缺乏规范。许多企业甚至无法向外界提供可信的财务信息。而且，由于经营时间短，企业信用记录积累浅，特别是某些创新型企业，由于周期长、生产前景不明朗，商业银行存在着惜贷的现象。因此，企业的融资不得不承担更高的交易成本和经营风险。其次，小微企业可用抵押担保的资产不足，特别是许多企业资本密集度相对较低和固定资产比例相对较低的财务特征，决定其较难提供与大企业相匹敌的抵押资产，当商业银行基于自身的盈利需求过于依赖小微企业的抵押来解决信息不对称的问题时，必然使那些资产规模达不到银行抵押品要求的中小企业无法进入信贷市场寻求融资服务。最后，许多中小商业银行，在诸如发展客户群体、拓展市场、服务创新等方面没有自身的经营特色，市场定位不清晰，盲目与大银行竞争，许多中小银行甚至争相朝全国性的大银行的方向发展，急于突破区域的限制，盲目对外扩张，这既不利于中小商业银行自身的发展，也恶化了许多小微企业的融资环境，许多小微企业因此长期得不到关注。

二　产业组织优化的银行支持体系的建设

商业银行支持产业组织的优化，需要根据产业组织差异及其特征，构建分别针对大型企业与小微企业的多层次、多功能的银行支持体系。

(一)商业银行支持大型企业的体系建设

大型企业作为商业银行的重要客户，由于经营业务多元化，常常需要一些非标准化的金融产品来满足个性需求。这对商业银行的金融服务提出了很高的要求。要构建商业银行支持大型企业的体系，需要改变目前以商业银行为中心所设计的组织机构，形成以客户为中心、以市场为导向的金融服务体系。

首先，增加商业银行金融服务的品种，满足大型企业对金融服务的综合性、多样性的需求。大型企业由于业务经营的多样性，导致融资的多样性，因此商业银行应根据企业融资需求的特征，制定合理的金融服务政策。一是利用商业银行的网点优势，实现对企业资金的集中管理，实现企业账户管理、资金归集、对外支付等资金的有效管理和监控，缩短资金的在途时间、确保大型企业资金的有效调剂和融通，提高企业的资金效率，提高整个企业的资金管理水平。二是根据企业资金、结算、项目等方面的特征，明确短期融资需求、票据业务需求、项目融资需求、过桥融资需求。比如根据企业自有资金的特征，确定项目融资的可能性和必要性。三是满足企业增值链的服务需求。在服务直接需求的同时，注重对间接需求的服务。如大型企业配套的上、下游企业的直接金融服务需求，也是商业银行应予以充分重视的间接需求。重视对上、下游企业提供专门的金融服务，特别是上、下游企业存在着贷款、招投标保函、履约保函、保理等金融服务需求。如商业银行可提供招投标保函、保理在内的一揽子银行服务，或者是为上下游企业提供贷款、承兑、保理等在内的全线银行产品，保证延伸性增值链服务的资金供应保障。

其次，提高商业银行金融服务的技术含量。一是提供相应的服务团队配备。商业银行在支持大型企业的金融服务中，采取联动服务的模式，如成立专门的服务小组，配置相关资源，为企业服务人员、金融产品、融资方案等方面给予充分的保障。二是加强内部人才培养。商业银行应注重内部的人才培养，特别是培养一批熟悉国内外货币市场、资本市场、企业财务、企业管理等方面的复合型人才，推动融资和融"智"的相互结合，为大型企业和企业集团提供高效、便利、快捷的银行服务。三是商业银行加快完善保障高水平服务的制度保障，在具体工作中，对合作协议、高层会晤、客户访问、信息反馈、定期交流、合作保密、规范操作等方面，完善相关金融服务制度，提高服务水平。四是关注保障技术的实施和安全防范等方面。如在网上银行和现金管理平台等方面，开展商业银行与专业的软件公司进行联合开发，保障系统的安全运作和提供完善的网络安全接入方案。五是商业银行在与大型企业建立良好的关系后，进行必要的培训和推广。比如开展商业银行相关人员与大型企业之间的培训，培训内容可包括企业资金结算流程、企业网上银行和现金管理平台操作的方法和要点。开展必要的推广活动，利用报刊、电视、网站等方式进行宣传，提高商业银行的服务水平，完善商业银行和大型企业在公众当中的形象。

最后，加快商业银行参与金融混业经营，为大型企业提供更为便利的金融服务。商业银行加快金融混业经营，是指商业银行可以进入证券、保险公司等机构的业务，实现互相渗透、交叉。在混业经营中，商业银行业务不仅仅局限于自身分营业务的范围。金融混业经营目前已成为国际金融业发展的主导趋向，商业银行通过业务多元化的混业经营，是必然的趋势。特别是分业经营模式遭受挑战后，商业银行已经设法绕过分业经营的限制，不过大型企业对金融服务的全方位的需求，以及以客户为中心的多元化的经营管理需求，仍然需要商业银行加快金融混业经营，为企业提供便捷、高效的金融服务。如果商业银行在金融体系中占据主导地位，并且积累了庞大的金融资源，如果商业银行能因此对各项业务进行资源整合和渗透，将有利于商业银行市场地位的巩固和竞争力的提高。从理论上分析，金融混业经营分为两种模式：一种为全能银行制，即在商业银行内部设置业务部门，全面经营银行、证券、保险等业务。另一种为金融集团模式，此模式中包括：各金融机构相对独立运作，在组织结构上没有联系，相互之间只有形式松散的合作协议；商业银行对保险公司和证券公司直接控股，以子公司的方式进行业务渗透和扩张；在相关的金融机构之间建立金融控股公司，各金融机构相对独立运作，商业银行等以控股公司的方式进行业务渗透。近年来，商业银行金融创新层出不穷，金融品种不断交叉，分业经营的边界正在变得日益模糊，许多商业银行的金融业务也正处在混业的"边缘"。不过尽管目前商业银行混业经营是大的发展趋势，但混业经营在整体推进中不仅需要让商业银行成为全能公司，金融各行业业态之间统筹和平衡，也成为今后亟待解决的问题。

（二）商业银行支持小微企业的体系建设

一般而言，相对于大型企业，小微企业由于自身的经营状况、财务能力、经营管理者的能力、企业信誉等方面的原因，企业经营信息不透明，向外界投资者披露其经营信息也较为困难。由于一般大银行更注重投资的规模性以及投资的回报率，加上信贷市场上竞争态势，导致小微企业很难获得来自大小商业银行的信贷支持。

由于小微企业规模小、产业集中度较低，小微企业的融资具有其自身的特征，特别是在信息和交易成本上，只有缓解存在于中小企业与商业银行之间的信息不对称的机构设置和制度安排，方能有效构建商业银行针对小微企业的支持体系。这就要求商业银行应具有解决信贷信息不对称问题以及成本优势问题的能力。

首先，发展具有关系型融资特征的中小银行，完善与小微企业金融需求相适应的金融结构。Boot（2000）认为，所谓关系型融资，在某一时期的融资活动中，具有以下特征：企业业主的专有信息为金融中介机构所拥有，普通公众无法获得这些信息；这些专有信息的来源建立在金融中介机构与同一客户的长期交易基础上；内部信息是关系型融资双方所特有的。在关系型融资中，出资者商业银行通过自身和企业长期多种渠道的接触，积累了大量和企业以及企业经营者相关的信息，商业银行据此给企业提供信贷支持。因此，考虑增大金融服务密度，发展区域性中小商业银行，相对来说，区域性中小商业银行，是小微企业融资的主体，其在为小微企业提供金融服务的过程中具有相对的信息和服务成本优势。作为区域中小银行，特别是社区性的小微银行，更容易掌握所在区域小微企业的经营信息、资信状况，从而解决金融机构与金融市场需求不对称的问题。区域性中小商业银行也应明确自身的市场定位，根据自身的经营特色和客户群体，合理确定自身金融服务的品种，形成自身的经营特色。

其次，形成金融市场多元化的竞争机制。这种竞争机制的导入，将会使商业银行倾向于与企业建立附带信贷支持的合作关系，引导商业银行去掌握缺乏规范披露制度的小微企业模糊的"软信息"，并为其提供金融服务。除了区域性中小商业银行外，包括独立放贷人、互助储贷会等的发展，推动了适合小微企业成长和发展的金融市场的竞争。竞争的增加将使中小商业银行更有关系融资的激励，同时也使得中小企业对商业银行关系融资的预期更稳定，减少自身的道德风险。因此，在强化商业银行之间的竞争，其中重要的举措在于建立和完善与小微企业相适应的多层次、多元化、多功能的中小金融机构竞争体系。利用各种民营金融和区域性、专业性中小银行和非正规金融的导入，倒逼商业银行拓展对小微企业的信贷支持。

最后，加大对小微企业的信贷倾斜，扶持有特色的小微企业。比如可允许商业银行在向小微企业提供信贷支持时享受优惠的政策；研

究和建立专门的、适用于小微企业、符合其经营特点的银行贷款信用
等级评估体系，并建立专门的小微企业信用评估系统，推进区域内企
业信息的收集、分享；简化面向小微企业的信贷审批制度，商业银行
可扩大下级业务部门针对小微企业的信贷自主权。此外，对于国家政
策层面，还可出台扩大小微企业贷款可使用抵押担保物的类别范围，
灵活利用小微企业现有的资源、技术，如商业银行可允许小微企业用
专利权证作为抵押担保物等。

第三节　产业布局优化的银行支持

区域金融发展的行政均衡性和市场不均衡的矛盾，造成了区域产
业结构趋同。因此，要充分发挥商业银行对地区产业布局的优化，需
要在统一性和差异性并存的基础上，开展合理的扶持政策，促进区域
的协调和产业政策目标的实现。

一　区域金融差异的形成

经济资源分布、经济发展水平、产业分工布局等方面存在的区域
非均衡性，导致金融发展呈现较为显著的区域特征，这种区域特征具
体表现在：不同区域金融生态环境存在差别，金融机构的种类和数量
也有不平衡的现象，这造成不同地区信贷资金的集聚能力、产业资本
的形成能力以及商业银行支持区域结构优化和产业升级的能力存在差
异。商业银行支持产业发展的能力在区域之间存在着差异，无助于产
业的优化升级。

长期以来，区域经济发展的二元结构，加剧了金融资源分配的不
均衡。经济相对发达地区，可以有效地凭借当地的经济环境调动商业

银行提供的信贷资金优化产业结构、促进产业升级调整。相反，经济欠发达地区信贷资金利用效率相对较低，无法借此充分调动资源的合理配置，推动当地经济的跨越式发展。造成这种差距的原因包括：在优先发展的地区，政府往往会采取政策倾斜的差异化发展战略，而这些地区由于信贷资源分配上享受优于其他地区的政策，因此该地区形成了资源、企业的集聚，客观上使该地区获得更多的信贷资金支持。与此同时，在经济相对发达的沿海地区，除了政策上倾斜之外，金融分支机构的设置所受到的限制也比其他地方要少，这就造成商业银行信贷支持产业发展存在区域不平衡状态，金融资源的利用不仅无法实现产业的优化布局，反而由于区域资源配置的悬殊加剧二元经济结构的固化。

金融资源分布不均衡和区域产业布局差异还源于地方政府和企业经营活动存在着盲目性，这种盲目性具体表现在：在政府方面，各地政府基于地方的局部利益出发，强调产业结构的完整性和独立性，导致产业结构趋同和重复建设。比如地方政府干预银行发放贷款，特别是在一些金融机构自身约束机制、内部控制机制还不健全的前提下，地方政府的干预造成银行信贷资金的财政化，盲目调动有限的金融资源，从而使商业银行投资集中于重复建设、效益较差的指定项目。各个地区利用金融信贷资金投入当地确定的主导产业或者是支柱产业上，导致地方经济效益不能得到显著的提高，区域与区域之间经济发展水平的差距不断扩大，区域产业发展不平衡的现象也日渐突出，区域产业布局不协调问题也因此日趋严重，这种方式实质上降低中央宏观调整的政策效果。在企业方面，地域分工不清，产业结构趋同，使企业专业化程度相对较低，产业之间的关联程度不强。区域内分工体系的不明确，使企业之间无法进行优势互补，彼此之间甚至出现了对资源、原材料、市场进行争夺的恶性循环。企业之间也因为缺乏有机的联系，不同规模企业不能进行相互依托、互相配合。这种结果使金融资源不能有效地进行优化组合，造成生产能力过剩、产业布局难以进行有效的优化。

二 商业银行支持产业布局优化的路径

商业银行推动实现产业布局的优化，需致力于解决几个关键问题：首先，推动产业的梯度转移和新兴产业的培育，在这当中，需要对原来的传统产业的老职工进行合理安置，解决历史包袱问题，对新兴产业的扶持提供资金配套；利用有限的信贷资金，在现有金融政策和金融规划下，对资源进行合理的配置。其次，根据区域金融现状和经济发展现状，商业银行如何采取差异化的金融支持策略实现区域布局的优化。这就需要充分致力于参与区域金融中心的建设和完善，推动金融集聚的网络效益、技术创新效益、扩散效益的实现。

（一）推动产业的梯度转移和新兴产业的培育

产业的区域转移中，高梯度区域经济发展水平相对较高，这导致区域消费者消费结构发生变化，对低档次产品需求比例相对较小，对高档产品需求相对增大。这也进一步催生了经济效益相对较高、附加值相对较大的新兴产业，再加上政府政策上的扶持，导致传统产业逐渐衰退和新兴产业的逐渐崛起。相反，在低梯度区域经济相对不发达区域，除了传统产业逐渐被淘汰外，还需要承接其他区域新兴产业的转移，这也加速了当地产业结构的升级和区域产业布局的优化。

商业银行的支持路径，具体表现为利用信贷资金在不同区域和产业内的优先配置，促进优势资源的集中，引导产业资本流向新兴产业部门，从而助推产业的梯度转移。具体表现在：首先，商业银行的信贷支持，导致高梯度区域传统产业加速向经济水平相对落后的地区转移。在该区域内，由于政策的倾斜，新兴产业、高端装备制造业对金融资源的需求快速膨胀，先前支持传统产业的金融资源，也会在高额利润的驱使下，流向新兴的产业，从而导致传统产业发展受阻，不得不寻求向其他地区转移。其次，商业银行利用信用中介职能，加快在低梯度区域进行资源的优化配置，加快该区域产业结构的升级。低梯度区域的传统产业，同样因为商业银行的支持转向而面临经营的困境，但是由于较难对外转移，传统产业将逐渐衰退并最终被淘汰。此时，对原有传统产业的金融资源配给，会因为产业的衰退而稀释出盈余资源，这部分盈余资源，将在商业银行的利润动机驱使下，转向扶持新兴产业，并且致力于改善当地的投资环境，推动综合交通运输体系建设，如采取多渠道推动道路基础设施建设、支持交通运输业的发展等，加强外来产业的扶持力度，吸引更多外地转移的产业。最后，商业银行发挥产业转移中的润滑效应。随着传统产业的转移和新兴产业的落户和发展，其中存在着对资金需求的时间差。完全依靠低梯度区域内部有限的金融资源的配给，并不能保证新兴产业的配套资金的及时配给，因此需要从区域外调入部分金融资源，支持产业转移中不时出现的资金需求。因此，商业银行的支持作用，更多表现了为产业扎根提供润滑剂，保证产业转移的顺利实现和新兴产业的初期扶持。

（二）以区域金融中心为纽带构建商业银行之间的合作网络

区域金融中心是区域范围内形成的金融机构集中、金融市场发达、金融设施先进、金融服务高效、金融影响范围较大的融资枢纽。通过金融中心，可以消除区域壁垒，实现区域内资源的自由流通，降低交易成本。建设区域性金融中心，有利于优化产业布局，提升现代服务业在经济结构中的比重，同时有助于支持和推动相关支柱产业、骨干产业的发展，促进产业升级和现代产业基地的建设。

区域金融合作是通过区域金融中心，利用信息交流、政策引导传导等方式传道给欠发达地区，再由欠发达地区制定本区域经济发展政策措施，利用这类资金技术分层次分阶段逐步传导辐射给区域内其他地区，形成合作网络。商业银行的信用中介功能正是助推和实现这一传导机制的中介。商业银行在利用区域金融中心、支持区域产业布局优化中扮演着重要的角色，通过信贷中介，使相对发达区域的过剩资金转移到新的投资场所，提高资金的利用效率，同时还可以缓解欠发达地区资金的短缺状况，使区域共同受益。特别是由于行政的原因，地方市场陷入相互分割状态，需要区域内各个地区共同参与区域大市场建设，形成合力，将区域内某个产业优势转化为区域整体优势。这就需要商业银行的参与，集中区域内有限的信贷资金，投入开发优势资源，完善基础设施建设，发展有竞争力的优势产业和产品。运用市场力量提高金融机构的资金运作效率，提高要素整合能力，进而辐射周边地区，实现产业的合理布局。

商业银行参与构建区域金融合作网络，其原则是通过区域金融中心，加强与不同区域的信息交流和项目合作，加速推动不同区域的市场接轨，形成统一市场，加快生产要素在不同区域的流动速度，提高配置效率。因此，其参与构建区域金融合作网络的具体措施包括：首先，加大商业银行之间、商业银行与辖区中央银行、银监局之间的信息交流与合作，参与区域金融合作规则的制定、扩大区域金融信息的交流和共享，注重对区域统一的社会征信体系、异地信贷检测网络建设的参与，在区域内分享数据信息、市场动态、研究成果，参与和完善区域金融合作平台。其次，加大商业银行区际金融合作。推动打破行政分割、实现商业银行跨区域金融服务的实现，充分利用既有市场、技术服务平台，增强商业银行为地区服务的功能。最后，建立商业银行控股公司，通过整合区域内城市商业银行金融资源建立城市商业银行战略联盟，或者是扶持设立区域性金融控股公司，解决商业银行单独无法承担的大项目。

（三）确立差别化的扶持战略

由于地区差异较大，落后地区的金融机构将资金通过内部调剂或者拆借等方式，导致有限的金融资源流向发达地区，从而降低落后地区资金的利用效率，也降低了商业银行信用创造的能力。此外，在统一货币政策下，要发挥商业银行对产业布局优化的支持，就必须在商业银行内部战略调整的框架下，加强对信贷的细化控制。因此，商业银行有必要实施直接的信贷控制，保证商业银行信贷支持能力的维持和产业扶持政策的相互统一。

首先，确保落后地区商业银行信贷的本地化。当前世界上很多国家，都规定落后地区的商业银行，除了安排年度资金使用外，必须保证资金在本地区使用的最低比例，保障区域内本地资金的运用效率。商业银行应充分保持落后地区发展的最低比例资金，避免因为资金拆借、证券投资等原因导致大量资金的流失，造成当地信贷支持能力的缺失。其次，利用信贷规模、投放顺序等控制，对产业信贷扶持的作用方向、作用目标、实施效果施加影响。因此，商业银行在自身差别化的扶持战略选择上，可以在信贷规模上实施差别化规模控制。如对发达地区的贷款控制可以逐渐放松乃至取消，而对欠发达地区上缴资金差额控制应相应地进行放松。对国家产业政策重点扶持的新兴产业予以优先支持，商业银行中央级管理部门，可根据国家产业政策的相关要求，集中资金配合国家的政策倾向，以此影响和调节区域的信贷规模。最后，在信贷投向上，商业银行根据区域产业发展的要求，确定贷款的投放顺序以及贷款的流向结构。比如，在经济相对发达的东部沿海地区，商业银行的信贷资金要向新兴产业特别是知识密集型、技术密集型产业倾斜，推动产业结构的升级和调整。而在欠发达的中、西部地区，信贷资金重点向能源、原材料等基础产业倾斜。在发达地区，商业银行的支持重点在于改造传统产业、提升战略性新兴产业的竞争力，推动开放型产业体系的建设，保证产业梯度转移的实现。在欠发达地区，商业银行的支持重点在于推动粮食、能源、原材料、装备制造业及高技术产业基地和综合交通枢纽建设，支持培育增强区域增长极的辐射带动能力，提高欠发达地区自我发展能力，支持县域经济发展、支持承接区域外的产业转移，推动产业转型升级。这种根据当地资源禀赋、经济发展水平、现有产业结构，合理确定选择支持的主导产业、创新性企业，有助于产业布局的进一步优化

（四）加快区域金融组织自身的发展

优化产业布局，应构建区域商业性金融机构组织体系，特别是加快区域内现有金融组织自身的建设。对相对发达地区，逐步放松银行审批权限，对欠发达地区，积极发展适合中小企业的区域性商业银行，特别是改变商业银行按照行政区划定点设置的现状，按照规模经济的原则进行重组，调整审批权限；积极发展城市商业银行、农村合作银行，构建与区域经济相协调的金融结构体系和经营管理机制。在此，政府可出台相关支持政策，放宽市场准入门槛，增加金融主体的数量，形成多元化的金融组织体系。

加快区域金融组织自身的发展，构建区域多层次的商业性金融机构组织体系。首先，应加快区域内中小银行、信用社以及合作金融的发展。其具体的途径包括：改造现有的城市商业银行和农村信用社为中小商业银行；鼓励民间投资新建中小商业银行；现有法人及非法人

类中小商业银行应进行合理的发展定位，根据自身的规模合理确定经营的业务种类、目标市场、客户群体。其次，充分发挥现有地方性金融机构的作用，在大小城市商业银行股份制改造后鼓励支持其对外扩展业务，农村信用社和邮政储蓄银行应利用自身遍布的网点优势，加大对小额信贷的产品创新，满足各类与"三农"有关的经营农户的信贷需求。再次，参照国外社区银行的发展模式，将功能服务定位于经营区域内的中小企业和居民家庭，集中区域内的优势资源、扶持区域内优势产业。因此，要大力发展地方性商业银行，特别是地方性产业发展银行。单一制地方性商业银行，立足于当地，有助于地方迅速筹集建设资金，具有相对竞争优势，能够确保地方经济利益、地方金融利益的同时实现，在保障中央货币政策得以实施的同时，促进地方信贷资金的合理分配。

第四节　产业创新的银行支持

产业创新是利用技术创新、制度创新对某一产业进行彻底改造，实现产业体系内部的突变，形成新的产业结构体系。产业创新是针对传统产业发展提出的新思路，也对商业银行支持产业升级提出了新的要求，即要把产业发展的制度创新、产业发展的技术创新等作为商业银行助推产业结构升级的重要目标，实现产业结构内部的突变。

一　商业银行支持产业创新的机制

熊彼特在 1912 年《经济发展理论》中指出，创新是指把一种从来没有过的关于生产要素的"新组合"引入生产体系。这种新的组合包括引进新产品、引用新技术、开辟新市场、控制原材料新的来源、实现任何一种新的工业组织。他将创新比作生物学上的突变，产业创新是促进产业结构内部创造性的破坏过程。技术创新，是企业应用创新知识和新技术、新工艺，采用新的生产方式和经营管理模式，提高产品的质量，开发新的产品，提供新的服务，占据市场并实现市场价值。技术创新具有高投入性、高风险性、高收益性的特征。产业创新是产业发展过程中，需求结构、技术水平、资源结构综合作用和长久演变形成的作用力诱发生成的。商业银行通过金融服务，为产业创新创造良好的产业发展环境、提供技术创新动力和制度保障。

其一，商业银行为产业升级所需的技术创新提供必要的资金储备。商业银行的信贷支持是实现融资主体加快技术创新的重要保障。技术创新是提升产业质量、实现产业结构优化的核心动因。商业银行通过负债业务，将分散的社会资金集中起来，并且根据产业发展的特征和国家产业政策的导向，将资金引向新的投资项目，通过信用创造成倍形成新的投资，推动技术创新活动在企业内部的开展。或者，商业银行对创新型项目和企业进行优惠融资，鼓励企业开展创新活动，这些充足的资金将加快推动技术成果的转让和实现科技成果的产业化，解决企业创新资金不足的困境。

其二，商业银行是通过技术进步和产业技术结构的改善促进产业的升级调整。不论是产品创新还是工艺创新，不论是自主创新还是引进和模仿创新，其结果都是增加产品的技术含量，推动企业生产技术进步，改善产业的技术结构，从而实现产业的升级调整。在这一机制中，技术创新是有效推动产业结构从低生产率、低附加值产业向高生产率、高附加值产业转变，产业的升级调整越来越依靠高效的技术创新来实现，而商业银行支持技术创新是推动产业创新、产业升级的重要路径之一。

其三，商业银行通过信贷中介，优化市场资源配置，为企业的技术创新提供源源不断的创新动力。商业银行的支持形成了两个层面的良性互动。第一个良性互动是商业银行金融服务支持与技术创新、要素集聚之间的良性互动。技术要素是产业创新的关键性要素，商业银行通过资源的合理配置助推技术的创新，当企业某项成果获得技术突破，其技术创新的成果也得到市场的检验，那么要素资源反过来也将围绕技术创新成果来进行集聚和优化配置，从而使金融支持与技术创新、要素集聚之间形成良性互动，推动产业的创新发展。第二个良性互动是商业银行金融支持与技术创新、市场需求的良性互动。商业银行支持新技术的突破带来效率的提高，并产生极大的市场需求，这充分保障了产业市场需求的扩大，为产业创新、市场拓展提供了极大的空间。

其四，商业银行提供信息服务和风险管理功能，促进产业的创新。在信息管理方面，由于商业银行在把握企业信息上具有相对的垄断权，这导致商业银行在发挥对企业内部控制方面占据更为有利的地位，从而有助于确定商业银行与企业之间稳定的银企关系，支持经济发展初期产业的培育和壮大。在风险管理方面，商业银行将风险管理内部化，即商业银行在风险管理的过程中，将金融风险直接内化，对该部分风险进行可控管理。商业银行的信息服务和风险管理，加上商业银行本身稳健经营的特征，为技术创新储备了庞大的产业信息和丰富的风险规范意识，在对高新技术产业形成支持的同时，发挥着技术溢出的正效应。

其五，商业银行为产业升级调整提供了体制创新的环境。从企业层面上看，商业银行通过提供信贷服务，使企业成为创新的主体，进而形成良好的创新氛围，帮助企业形成产生优秀企业家的机制环境，推动企业从传统的生产性企业转向创新型企业。从融资层面上看，银行中介与资本市场金融支持所能起到的作用有所差别。在发挥金融分担与管理风险功能时，由于资本市场主要采取横向风险分担和转移，能够有效分散非系统性风险引起的收益率波动，因此有助于支持风险相对较大的高新技术产业。与之相对，商业银行主要开展消费信贷、投资信贷支持高新技术企业，这种跨期平滑的纵向风险分担功能，在技术创新的成长期、扩张期、成熟期的金融扶持上，更具有相对优势。

二   商业银行支持产业创新的实现方式

高新技术产业是高度知识密集、技术密集的产业，它以高新技术为基础，从事一种或多种高新技术及其产品的研究、开发、生产和技术服务的企业集合，这种产业所拥有的关键技术往往开发难度很大，但一旦开发成功，具有较大的经济和社会效益。高新技术产业是产业创新、产业结构升级调整的主导力量，其发展的核心是技术创新及其产业化，这是一个复杂的经济技术过程，它对商业银行的金融支持提出了更高的要求。

（一）商业银行介入高新技术产业创新融资领域的必要性

作为支持技术创新载体的高新技术产业，在其成长中，特别是随着整个市场的逐渐成熟，它更重视利用商业银行的债权融资方式。作为推动高新技术产业发展的股权融资与债权融资，由于两者在参与管理、控制方式、风险分担与利益分配等方面的不同特点，使得正处于快速发展阶段，且拥有优质项目来源与良好盈利模式的高新技术企业为了避免股权过早或者过度被稀释而丧失对公司的控制权，高新技术产业发展的中后期，应更重视利用商业银行的信贷资金。因此，对于渐入成熟期的高新技术产业，商业银行信贷支持的重要性已然超过风险投资的作用。商业银行参与对高新技术产业融资，具有其必要性。

首先，高新技术产业是商业银行重要的潜在目标市场。在高新技术企业的扩张阶段和成熟阶段，丰厚的经济效益，成为商业银行争相进入的融资领域。这也是商业银行在激烈的市场竞争中突破传统业务领域、提高市场竞争能力、寻求新的市场和新的收益增长点的重要途径。特别是高新技术产业发展急需大量的资金支持，这为商业银行转变投资方向、挖掘高新技术产业领域潜力提供了良好的契机。其次，商业银行支持高新技术产业，是国家宏观政策的需要。高新技术产业作为新的投资热点，是国家产业政策重点关注的目标。商业银行调整信贷结构和信贷方向，积极介入高新技术产业化的发展，支持高新技术产业的成长，使急需贷款资金投入的高科技项目得以开发、运作，促进科技成果向生产领域及时转化。再次，商业银行对高新技术产业的支持，对国内资源的优化配置起到了良好的诱导牵引作用。商业银行的试探性进入，必然带来同行的跟踪介入，引导社会资源投入高新技术行业中，这将有利于整个产业结构的优化，也有利于高新技术企业降低科技开发资金的门槛，提高高新技术产业投资信心，帮助高新技术成果迅速市场化、产业化。最后，参与高新技术产业投资是商业银行优化资产业务、寻求营利性需要。高新技术产业的发展，为商业银行业务发展带来新的利润增长点，有助于进一步提高商业银行的资产质量和综合盈利能力，避免造成商业银行金融资源浪费，提高商业银行的金融效率。

（二）商业银行支持高新技术产业的路径

第一，根据高新技术产业发展的阶段性特征，商业银行择机选择支持模式。高新技术产业在成长中，在技术、市场、财务等方面，都具有较高的风险，因此，高新技术产业具有成活率低的特征，但是因为具有高成长性而使它兼备极强的市场扩张力。从实验室的成果到产品走向市场，高新技术产业大致要经历种子阶段、创业阶段、成长阶段、扩张阶段和成熟阶段五个阶段，各个阶段的资金需求和风险程度都有所差异。在创业阶段，高新技术产业对资金的需求量快速增加，这一时期融资方式主要有风险投资、政府资助、商业银行贷款。在这个时期，企业没有信用积累和担保资产，商业银行基于稳健经营的角度，并未能在这个阶段发挥主导作用。商业银行可在对高新技术企业运作一定熟悉的基础上，在风险投资资金进入之后，对有一定实力的企业予以贷款支持。进入企业的成长阶段，由于企业已经具有一定的经营业绩，商业银行可采取择机进入的战略。进入企业扩张和成长阶段，企业对资金的需求量依然很大，特别是为了继续维持增长。在这个阶段，高新技术企业已经有了坚实的经济基础，融资能力也大大提高，企业技术已经相对成熟，市场相对稳定，企业的资信能力大大增加。此时，商业银行应采取积极的姿态进入高新技术企业的融资，维持产业创新后期的稳健发展，该阶段其所发挥的作用已经超过风险投资。

第二，商业银行可根据高新技术重点企业融资需求和现金流量特点，设定比较合理而又灵活的信贷支持方式。比如在授信期限和还款方式上，商业银行可根据实际情况，附加必要的宽限期等。对高新技术企业的授信，商业银行应当探索和开展多种形式的担保方式，如出口退税质押、股票质押、股权质押、保单质押、债券质押、仓单质押和其他权益抵（质）押等。对拥有自主知识产权的高新技术企业，可以创新服务模式，如采取知识产权质押贷款等方式、接受专业担保机构的第三方担保，解决高新技术企业的融资难题。知识产权质押贷款是指以合法拥有的专利权、商标权、著作权中的财产权经评估后向商业银行申请融资。由于专利权等知识产权实施与变现的特殊性，仅有极少数商业银行对部分企业提供此项融资便利。对于高新技术企业，基于产品开发的周期性和市场前景，商业银行可采取灵活的方式，充分利用知识产权，解决企业信用积累和担保资产不足等问题。此外，商业银行对有效益、有还贷能力的自主创新产品出口所需的流动资金贷款根据信贷原则优先安排、重点支持，对资信好的自主创新产品出口企业可核定一定的授信额度，创新结算管理方式。

第三，商业银行应该合理调整自身的市场定位，在科技和资金密集的国家高新区，完善营销网络布局，为中小型高新技术企业提供多样化的金融服务。比如商业银行基于合理的股权设计、集中于高新区的区域属性、股权与债权结合的金融服务模式等一系列制度创新，建立符合高新技术企业发展需要的管理体系、核算体系、信贷审核体系和风险控制体系，探索商业银行服务科技创新的金融创新之路，解决高新技术企业融资难的问题，提高该类企业创新能力。

第四，商业银行根据国家产业政策和投资政策的指向，重点加强和改善对相关高新技术企业的服务，根据国家产业政策和投资政策，给予相应的信贷支持。首先，重视对重点项目和企业的支持。比如对国家中长期科学和技术发展规划确定的重点领域及其优先主题、承担前沿技术开发任务的企业，或者是担负有经国家批准的国家级立项的高新技术项目、有望形成新兴产业的高新技术成果转化项目和科技成果商品化及产业化较成熟的企业，商业银行利用信贷服务，积极支持该类企业和项目，推动高新技术产业的发展和壮大。其次，重视创新型行业的重点扶持。比如加大对电子信息、现代农业、生物工程和新医药、新材料及应用、先进制造、航空航天、新能源与高效节能、环境保护、海洋工程、核应用技术等高技术含量、高附加值、高成长性行业企业的信贷支持，为该行业的产业创新创造良好的金融服务环境。最后，重视对产品技术处于国内领先水平，具备良好的国内外市场前景，市场竞争力较强，经济效益和社会效益较好且信用良好的企业的重点支持，维持企业自身业务的需要以及市场的扩大。对符合国家产业政策、科技含量较高、创新性强、成长性好，并且具有良好产业发展前景的科技型企业，帮助它们从事新技术、新工艺研究、开发及其运用。

第五节 产业政策的银行支持

产业政策是指国家根据国民经济发展的内在要求，调整产业结构和产业组织形式、优化产业布局，提高供给总量的增长速度，并使供给结构能够有效地适应需求结构要求的政策措施。产业政策是国家对经济进行宏观调控的重要机制，其最终目标是实现经济社会的健康协调发展。因此，作为信用中介、具有信用创造功能的商业银行对国家产业政策的协调和支持，是实现产业结构升级调整的关键所在。商业银行对国家产业政策的协调和支持，既要使商业银行的支持政策能与国家产业扶持政策紧密结合，又要实现产业升级乃至经济社会发展的政策目标。

一 商业银行支持在国家产业政策体系中的地位

产业政策的目标是为实现产业发展，根据产业状况而设定的一组经济变量指针。制定正确的产业政策目标，是促进产业升级调整的前提。这就决定了商业银行在支持产业政策的过程中，需要明确商业银行支持在国家产业政策中的地位，正确处理好银行支持与产业发展的关系，使国家产业政策能起到很好的实施效果。通过产业结构调整功能上的相互配合，推动经济增长、充分就业和物价稳定，促进社会经济的全面协调和可持续发展。

首先，商业银行支持政策是国家产业政策体系中的有机组成部分。银行体系对产业政策的支持，是基于产业运营的规律，通过合理的金融信贷融资结构和制度设计，为产业发展提供融资和风险管理服务，实现国家的产业政策。商业银行的最终目标是要服从国家的产业政策导向，它一方面基于自身商业化的需求，拓展市场空间，另一方面也承担着改变市场不完善带来的资源配置问题。根据国家产业政策的导向，一般来说，商业银行会对支持性、一般性、限制性行业做出明确信贷支持政策规定，通常来说，战略性新兴产业会是各家商业银行支持的产业，而高能耗、高污染的"两高一剩"，包括水泥、钢铁，高耗能行业都会成为商业银行限制或禁止进入的行业。通过信贷引导，有助于商业银行推动资源的优化配置，弥补市场失灵的"缺陷"。因此，引导商业银行支持产业升级的信贷政策，也是国家产业政策体系中的重要组成部分。

其次，商业银行为产业政策提供政策性辅助。银行系统通过信用创造和利率调节向经济体系提供合适的货币供应总量，为金融支持产业政策形成有效的资金形成机制和资金集中机制创造条件，为财政支持提供必要的资金来源，减少财政支持的挤出效应，更大程度地发挥财政支持的作用。在财政支持能力相对有限的情况下，利用市场化机制、借助商业银行的作用引导贷款的投向和规模，使产业的发展符合产业结构政策和产业布局政策的要求，促进产业结构、产业组织结构和产业布局结构的合理化。商业银行作为政策性辅助，其支持方式包括，在财政支持基础产业、基础设施建设、改善经济结构的过程中，与政策性金融密切合作，给予配套贷款。

最后，商业银行支持国家产业政策是商业银行提高竞争力、拓展市场空间的重要选择。在激烈的市场竞争面前，商业银行为了拓展自身的发展空间，纷纷拓展了网上银行、手机银行、电子商务等业务，但是问题在于绝大多数商业银行的产品研发基于粗线条的市场划分，对客户多元化产品服务需求的认知也仅仅停留在表面，推出的单一产品往往面向多个客户群体，缺乏为客户量身定做的能力，难以提供特色化、个性化的金融产品与服务。从而出现银行贷款盲目增长、盲目占领市场份额的倾向。"同质化"的经营，使商业银行风险偏好相似、产品创新力度不足。而要突破这一困境，必须大力推进金融创新，根据国家产业政策导向，调整产品体系，优化信贷结构。因此，商业银行需加强对国家产业政策、信贷政策的研究，根据政策导向，加强信贷风险管理，是商业银行突破"同质化"困境，提高市场竞争力的战略选择。

二 商业银行支持产业政策的目标

（一）商业银行支持农业产业发展政策

农业发展问题，关系到二元经济结构下的区域协调发展和整个产业结构的优化升级。商业银行与农业发展政策的协调和配合，有助于缓解农村发展的资金瓶颈，实现农业的可持续发展。

第一，发展多种类型的农业金融机构。鉴于农村经济主体对资金需求具有规模小、时间短、频率高的特征。鼓励农村发展社区金融机构、小额贷款公司等多种类型的金融机构。让合作金融、商业金融、政策金融都能在农业产业结构调整中共同发挥作用，比如加强农村信用社、农业银行、农业发展银行之间的分工合作，实现彼此之间的信息共享。调整和放宽农村地区银行业金融机构准入政策，为规范村镇银行、贷款公司、农村资金互助社等的发展创造环境。

第二，商业银行应强化配套服务，拉长农业经济产业链。结合地方产业政策，制定商业银行支持农业产业化规划和具体实施办法，合理界定发展定位，明确服务目标。商业银行应积极寻找高效的农业产业化信贷载体，为产业化项目提供信息服务和优质、便利的结算服务；重视对农业产业链条各个环节的信贷扶持，加强对薄弱环节的重点支持，提高整个产业链的质量。对农业产业化项目大额资金需求，制定"银团"贷款管理办法，组织银团贷款，确保足额扶持，解决大额资金的需求，培育龙头企业。

第三，确保资金本土化。如明确规定商业银行在农村吸收资金的一定比例必须用于发放农业贷款，消除农业领域出现的收入倒流城市的现象，为农业产业结构的升级确保必要的资金。完善邮政储蓄资金回流农村的机制，使邮政储蓄吸收的农村资金回流农村，使邮政储蓄银行成为服务农业和农村经济发展的社区银行。规范民间借贷，正确引导民间资本阳光化，发挥民间资本对优化农业产业结构、推动农业产业政策的实施发挥积极的作用。

第四，结合农村不同地区的区域金融特点，结合农村发展的多元化需求，充分考虑不同地区的差异性，制定功能多样化的信贷政策。商业银行应紧密结合农村金融特征，重点支持农业经济组织、农村龙头企业、农业产业化经营等新型模式，引导发展高效农业、绿色农业、特色农业。特别是加大对农业产业化龙头企业的"输血"与"供氧"，在对服务群体进行初步调查和分类排队的基础上，采取相应的优惠政策，稳步增加信贷投放，满足龙头企业的合理资金需求，逐步培育产业化龙头企业，实现农业产业的升级调整。

（二）商业银行支持外资政策

外资的引进与产业升级存在着结构性的冲突。这种冲突具体表现在：首先，外资引进的产业结构分布不合理，阻碍银行体系支持产业结构政策的效果。由于资本的趋利性，外资的投资领域经常集中于见效快、盈利高的行业，特别是投机性较强的房地产行业，而对动转型升级亟待突破的薄弱环节，诸如农业、服务业、基础设施建设，投资相对较少，形成了资金分布非均衡的状态。其次，外资引进的产业布局不合理，影响银行体系支持产业布局优化的效果。资本的趋利性，导致外资引入，过分注重地理环境相对优越、经济相对发达的区域，对相对落后的区域则缺乏关注。这导致外资引入地区结构存在着失衡的状态。最后，外资引入中，对区域核心要素的培养缺乏重视，许多核心技术被一些行业掌控。在这种情况下，通过改变区域要素供给结构的变化推动外资结构变动，进而推动产业政策的实现机制将受到阻碍。因此，要推动商业银行与外资政策的协调，必须对外资进行合理的引导，充分利用商业银行的信贷资源，解决产业政策与金融支持脱钩的问题。

第一，合理引导外资进入第一产业，强化农业基础性地位，改造传统农业提高农业竞争力。鼓励外资发展现代农业，重点发展生态农业和高技术含量、高附加值的种植业、养殖业及农业废弃物综合利用、生物质能开发、现代农机装备开发与制造和农产品深加工，引进现代化农业技术和经营管理方式。对农业高新技术外资投入，可根据情况给予信贷优惠，放宽外资政策的限制。在鼓励外资进入的同时，积极扩大农业组织化的信贷支持。

第二，合理引导外资改造第二产业。传统产业作为基础产业，是国家工业化的基础，无论是现在还是未来，都具有广泛的市场需求和相对广阔的升级空间，因此商业银行应重视外资引入参与传统产业结构的升级改造和资产重组，通过合资合作等多种方式引进国外先进技术，重视新技术、新产品的开发，重视产品性能的提高。商业银行应积极支持鼓励外资参与机械、轻工、纺织、原材料、建筑业、建材等传统产业的改组改造，增强企业的市场竞争力。引进外资发展具有比较优势的传统产业、扶持中小企业发展。

第三，合理引导外资转向第三产业。服务业的发展，是推动产业结构优化的重要举措，引导外资进入第三产业，对第三产业大型龙头企业和知名品牌进行重点扶持，解决目前行业规模小、分布散、档次低的发展困境。利用信贷资金对第三产业服务需求进行重点引导，注重第三产业核心竞争力的提高。

第四，引导外资投向高新技术产业、基础设施建设等。商业银行应积极鼓励外资参与高新技术产业的投资，引进先进的技术和人才，注重投资导向的转变。如汽车制造业，在商业银行金融支持合资企业产品升级换代的同时，引导和鼓励外资重点投向汽车设计、研发中心建设，鼓励外资发展专业化、高技术含量的汽车零部件生产，重视提高技术水平和装备水平。在基础建设方面，商业银行积极支持外资加快公路、港口和铁路等交通项目和轨道交通、供水、供气、供热、污水和垃圾处理等城市基础设施建设，鼓励外商投资城市基础设施建设。在资源枯竭型城市，重视培养接续产业的发展。

（三）商业银行支持可持续发展产业政策

可持续发展产业政策，是具备引导国民经济向可持续发展方向进化的产业政策，它能为可持续发展观念和战略向行动转变提供相应的手段并创造条件。可持续发展产业政策，一般通过引导企业合理配置资源、加快技术进步，从而减少资源消耗、鼓励和限制企业行为以促进清洁生产和环保产业的发展，优化和提升产业结构，促进经济与资源环境的协调发展。作为商业银行而言，其经营的资源环境风险也将越来越突出，不良的资源环境条件，对投资客户的盈利能力和资产安全，产生了越来越大的隐患。因此，商业银行支持可持续发展产业政策，应将资源与环境的保护置于商业银行决策和核心，作为商业银行承担社会责任的重要体现。通过支持可持续发展产业政策，商业银行可将绿色金融的范围覆盖低碳经济、循环经济、生态经济三大领域，项目涵盖提高能效、新能源和可再生能源开发利用、碳减排、污水处理和水域治理、二氧化硫减排、固体废弃物循环利用等众多项目类型，涵盖能源、建筑、交通、工业等各个主流行业，推动绿色经济的发展和产业结构的优化和升级。

第一，商业银行支持循环经济。循环经济与金融业之间存在着和谐互动的关系，商业银行能够通过金融服务与循环经济之间的和谐互动来支持循环经济，其实现路径是将融资作为循环经济中的一个环节。循环经济将多个生产环节进行组合，从而使生产链与资源循环周期加长，在短期内不能进入投资回收期，投资的风险和回报相对难以测度和控制。因此，商业银行应调整传统思路，基于长期收益的角度，为循环经济企业提供快速有效持续的信贷支持，对不符合循环经济和可持续发展要求或者有损生态的产业和行业，通过信贷约束手段使其退出循环经济圈，限制其发展。此外，循环经济的发展，具有较为显著的政策性扶持需求，这与商业银行经营商业化的宗旨存在着较大的错位，因此商业银行应积极寻求与政策性金融合作，利用政策性金融强化对循环经济的资金支持，包括支持与循环经济发展密切相关的基础设施建设、支持环保类高科技产业的发展。

第二，商业银行积极参与生态经济、低碳经济项目。商业银行应积极参与生态经济、低碳经济项目，支持可持续发展产业政策。如为减轻二氧化碳排放的工程和项目提供信贷服务，投资清洁生产、保护资源和环境的工程和项目。通过参与生态经济、低碳项目，推进产业的升级调整，促进经济的可持续发展，同时为商业银行的发展提供良好的外部环境，形成良性的循环。具体而言，商业银行通过信贷杠杆，可有效地服务于绿色企业和绿色项目，推动节能减排的实现。许多要求节能减排的企业多为中小企业，规模小、资金薄弱，本身缺乏有效的有形抵押品。通过商业银行的支持，利用金融创新产品，可以有效解决这些企业存在的融资渠道窄、融资难的问题，推动商业银行进入节能融资市场。

第三，积极开发创新型的金融绿色产品。商业银行要加快绿色金融产品的创新，形成门类齐全、功能各异、满足多元化需求的金融绿色产品。在融资服务方面，针对客户需求，形成功能多样的信贷和非信贷融资服务模式。在排放权金融服务方面，针对国际碳交易、国内碳交易试点、排污权交易试点等开发专项产品和服务。充分利用国内外融资，打造绿色金融品牌，形成差异化竞争优势。

第五章
银行支持产业升级的国际比较

　　综观世界各国的经济发展轨迹，不同国家受各自经济发展环境的影响，选择了不同的经济发展模式，在不同的经济发展时期形成不同的产业结构来支持国家经济的发展；但任何一个国家的产业升级和经济发展都离不开金融业，尤其是银行的支持。近年来，人们对发达国家的金融体系进行了大量的理论与实证研究，以期为后发国家，尤其是发展中国家的金融改革和金融体系设计提供有益借鉴。综观世界各国的金融体系，虽然各有特色，但被绝大多数国家广泛接受的模式主要有银行主导型金融支持模式和资本市场主导型金融支持模式；前者以德国、法国和日本为代表，企业的外来资金主要源于银行贷款；而后者以美国和英国为代表，企业的外部筹资以资本市场（股票市场和债券市场）为主。需要特别强调的是，一国的金融支持产业升级的模式、特征与效应受该国经济发展社会等诸多因素影响，脱离上述背景来讨论产业升级的银行支持无疑是苍白无力的。因而，本章将通过选择 20 世纪以来美国、日本、德国等发达国家在产业结构发生重大变革的特殊历史时期，在特定金融支持下实现产业结构升级的相关成功经验的回顾与总结，以期对中国转型期和社会主义市场经济条件下，如何借力银行体系来实现支持产业结构转型升级提供有益借鉴。

第一节　美国以风险投资为主导的多层次资本市场对产业升级的金融支持

美国是世界上最发达的自由市场经济国家，经过长时间的成长与发展形成了完善的多层次资本市场体系，该体系也是世界上最典型的资本市场主导型的金融体系。美国企业的融资结构以直接融资为主，机构投资者占据绝对优势。然而，虽然近年来银行贷款在美国企业融资中的比例日趋减少，但这并不意味着银行体系对美国产业结构升级中的支持作用可以被忽略。本节将分别从美国在重化工业时期和新经济时期的金融支持产业升级模式来说明以风险投资为主导的完善的多层次资本市场在其各个时期产业升级中发挥的重要支持作用，尤其重点阐述风险投资、证券市场、商业银行等各金融主体在各个时期扮演的重要角色。

一　成功助力美国经济的多层次资本市场

20 世纪以来，美国以风险投资为主导的多层次资本市场对产业升级与金融发展的助力作用主要体现在以下两个阶段。

（一）从 19 世纪末到 20 世纪初，主板市场成功助力美国工业体系的扩大与发展

这个时期是资本主义自由竞争阶段向垄断阶段的过渡时期，受以电力、化学品、内燃机的发明为主要标志的第二次技术革命推动，以钢铁、汽车为代表的许多工业获得了惊人发展；而在这个生产不断集

中，进而走向垄断的背后，正是美国当时风起云涌的以兼并和收购为主的资产经营和资产重组浪潮。据统计资料显示，仅 1898～1903 年，美国的矿业和制造业就发生了 2795 起兼并。[①] 这种金融资本与产业资本结合的横向兼并不仅使美国的产业集中度大幅提高，也在短时间内产生了一批对美国经济具有深远影响的巨型企业，例如，美孚石油公司、美国钢铁公司、杜邦公司和美国橡胶公司等一大批现代化的大型托拉斯组织，在实现企业规模经济基础上，迅速推进了美国相关产业的发展，使战后的美国经济顺利进入腾飞阶段。

这个时期金融支持产业升级模式的主要特征是：证券市场处于主导地位，在助力美国工业体系的扩大与发展中扮演着重要角色。美国的证券市场无论在 18 世纪后期的产生之初，把美国经济从一个农业经济成功改造成为工业经济；还是在美国进入高科技经济的过程中都发挥了极其重要的作用。其对美国产业成长的突出作用主要体现在：①证券市场创造了一个金融与微观主体的储蓄、投资活动的直接联系机制，能有效动员储蓄，汲取社会资金来满足产业发展需要。19 世纪后期以来，生产社会化，越来越多的美国制造商通过股份公司和证券资本来筹集资金建造大型的厂房设施，股票发行成为美国企业对外融资的主要渠道。据史料记载，1890 年，美国上市交易的工业股票大约 10 种，而到了 1897 年，有股票上市交易的工业企业就有 170 家；到第一次世界大战前，美国制造业股票已占所有上市股票的 1/4。利用股票的发行来筹集发展资金，大幅降低了美国制造业的生产成本，增强了美国制造商在世界市场的竞争能力，从而使美国的汽车、石油、电力、

①　邓艳梅：《产融结合模式的国际比较分析与借鉴——从金融支持主导产业发展角度的研究》，硕士学位论文，浙江大学，2002。

化学、钢铁等行业得到快速扩大和发展，美国经济也进入了腾飞阶段。① 美国的纽约证券交易所开始取代伦敦证券交易所，成为世界上最大的证券市场。②证券市场为企业间的并购提供了股权交易的便利，促进了产业组织的优化和相关产业的发展。证券市场为产权交易过程中广泛存在的"寻找交易者""定价""转让"等问题的解决提供了桥梁和媒介，为投资者和上市公司间的交易提供了便利，促进了资源流向优质企业，提高了资本利用的效率，进而有效促进了美国产业结构的优化。

（二）自20世纪中后期，二板市场有效保障了美国高新技术产业的发展与壮大

美国的二板市场是全世界最早成立也是最成功的创业板市场。早在1971年，美国就成立了专门为中小科技企业筹集纳斯达克证券市场资金的，促进高新技术产业，尤其是计算机、生物技术、电子通信、医药等高科技产业的发展，被称为"美国高科技企业的摇篮"。2015年，在美国纳斯达克上市的公司约2570家（最多时接近5000家）②，累计市值约7.9万亿美元；其中，市值超过1000亿美元的上市企业约13家，500亿~1000亿美元的公司14家，100亿~500亿美元的公司89家；约85%的上市企业分布在大 TMT（Technology, Media, Telecom）的软件服务行业和生物制药行业，排名前十的都是高科技公司。③

此外，从20世纪70年代中期开始，美国主要针对高科技企业推

---

① 当然，第一次世界大战的爆发和第二次世界大战期间对大量军需品需求的大幅上升也进一步刺激和加速了美国工业的快速扩张与发展。

② 世界交易所联盟：https://www.world-exchanges.org/statistics，2005.7.11。

③ 秦波、陈治中：《史上最全纳斯达克市场数据分析（兼与创业板对比）》，http://www.360doc.com/content/15/0810/19/17132703_490805818.shtml。

行"职工持股计划"和"股票期权计划"；有效增强了企业的凝聚力，鼓励了员工士气，既为高科技产业的发展增添了非凡活力，也为美国经济的持续繁荣带来了巨大生机。

综上所述，美国多年来形成的完善的多层次资本市场体系对美国企业，尤其是高新企业的快速发展壮大提供了关键性的支持作用。美国大量著名的科技型公司在创业早期都曾利用其筹集资金，实现快速发展。按照市场范围划分，美国的证券交易市场可分为四级：第一级包括纽约证券交易所（NYSE）、纳斯达克（NASDAQ）全国市场，是主要面向成熟企业进行股权融资的全国性市场；第二级由全美证券交易所（AMEX）和纳斯达克小型资本市场组成，是为中小型企业提供融资服务的全国性市场；第三级是区域性交易市场，包括太平洋证券交易所（PHSE），芝加哥期权交易所（Chicago Board Options Exchange）等，主要交易区域性企业的证券和在全国市场上市的本区域公司的证券；第四级由招示板市场（OTCBB）和粉单交易市场（Pink Sheets）组成，是实力规模未达到前三级市场的小型企业可在此进行股权融资的场外交易市场。因而，在美国企业的融资结构中直接融资占绝对主导地位，对美国企业的金融支持逐年提升。

二　重点保障中小高新技术企业的商业银行支持路径

虽然美国是以资本市场为主导的金融体系，直接融资占绝对主导地位，但这并不意味着美国的商业银行不发挥对产业升级的支持作用。事实上，美国也存在全面重点保障中小高新技术企业创立与发展的商业银行融资支持。

（一）中小企业管理局

美国中小企业管理局创建于 1953 年，是一个被美国国会确认的

"永久性联邦机构"，主要职责是与全美 7000 多家商业银行合作，向中小企业提供资金支持。具体而言，中小企业管理局主要为中小企业向银行和企业的交易对象提供贷款担保。即当中小企业的资产状况、信用情况和按时偿付能力等达不到商业银行的贷款条件，但中小企业管理局认为这些企业具有高创新性、高成长性时，就会为其提供担保。经担保后，贷款期限可由一般的 3~5 年延长至最长 25 年，最高担保金额可达 75 万美元。有时，中小企业管理局也会提供少量直接贷款，即一些企业被提供担保后，金融机构依然拒绝为其提供贷款，中小企业管理局也会视情况考虑直接给予资金支持。这些制度对处于初创期的中小高新企业有很大帮助。另外，中小企业管理局还制定了"中小企业出国流动资本项目"，通过联系商业银行就这个项目为中小企业提供短期出口信贷，帮助中小企业扩大出口。近年来，美国中小企业管理局不仅为中小企业提供了超过 900 亿美元的贷款担保组合，还利用政府采购项目为 100 个中小企业提供了超过 100 亿美元的免费咨询和技术援助。[①]

事实证明，政府财政为中小企业贷款提供担保大大促进了美国经济的发展，使银行和企业获得了"双赢"。到了 1998 年，美国的小型企业（一般指员工在 500 人以下的企业）对美国经济做出了非常突出的贡献，它们创造的就业机会占私营部门的 53%，销售额占全国销售总额的 47%，产值占国内生产总值的 50%。其中，约 37% 的小型企业贷款是由商业银行提供，这些贷款利率比提供给大型企业的贷款利率平均高 2~3 个百分点，因而商业银行也从中受益

---

① 周青康：《金融支持中小高新技术企业的国际经验及借鉴》，《青海金融》2007 年第 4 期，第 54~57 页。

颇多。①

（二）硅谷银行

1983 年，美国成立了专门服务于高技术企业的商业银行——硅谷银行，致力为当时尚处于艰苦创业、资金缺乏、信贷无门的硅谷科技公司服务。经过 30 多年的经营，硅谷银行在高科技和生命科学领域积累了丰富的运作经验，成为美国新兴科技公司市场中最重要的商业银行之一；明确定位服务于受到风险投资支持，但尚未在股票市场上市的高科技公司，专注于高科技投资。

（三）健全的制度保障

为了让商业银行更好地服务中小企业，美国制定了比较健全的商业银行向中小企业贷款的制度保障。首先，规定商业银行向中小企业贷款的比例。例如，美国法律规定，地方商业银行必须将融资额度的 25% 投向中小企业；并通过道义劝告、窗口指导等货币工具来鼓励金融机构支持中小企业发展。其次，允许商业银行上浮一定比例贷款利率。此外，为了提高商业银行投放科技贷款的积极性，美国政府给予商业银行一定的利率浮动权限，实行准市场化的利率政策，使商业银行的收益和风险相对称。

（四）混业经营的投资产业战略

1999 年 11 月，美国通过了《金融现代法法案》，标志着美国的投资银行、商业银行、保险公司间的业务界限已不复存在，愈演愈烈的混业经营自此打开，为商业银行支持高新技术产业，促进产业升级提供了金融创新空间。此后，商业银行一方面开始涉足投资证券、保险、

---

① Kathy Czyrnik, Linda Schmid Klein, Who Benefits from Deregulating the Separation of Banking Activities? Differential Effects on Commercial Bank, *Investment Bank, and Thrift Stock Returns, Financial Review*, 2004 （39）, pp. 317-341.

共同基金等业务，另一方面，积极与保险公司和基金管理公司探索各种"联合"，金融服务日趋综合化。

从美国混业经营的现状看，商业银行主要通过以下四种方式来支持高新技术企业，推进产业升级。首先，通过金融控股公司支持高新技术产业发展。商业银行与证券业、保险业联合组成金融控股公司，参与证券业务来支持战略产业发展，是一种重要的商业银行通过混业经营支持产业升级的方式。其次，开展基金承销业务支持高新技术产业发展。在美国，共同基金，特别是创业基金是高新技术企业融资的重要渠道，随着混业经营的日益发展与深化，商业银行的基金业务发展迅速。到了20世纪90年代中期，商业银行几乎可以从事除承销共同基金外的所有基金业务，1997年，有近1/5的美国银行（约1500家）从事出售第三方或自营共同基金和年金的业务。[①] 商业银行通过新建、并购和组建合资企业等方式介入基金业务，基金公司再把资金投入高新技术产业，支持高新技术产业的发展。再次，参与风险投资支持高新技术产业发展。商业银行不仅是风险投资资金来源的重要途径，也是风险投资的得力合作伙伴。例如，硅谷银行历来强调与风险投资的密切合作，①硅谷银行直接投资200多家风险投资基金，成为他们的股东或合伙人；②硅谷银行的主要业务是不仅为风险投资机构投资的企业提供商业银行服务，也为风险投资机构提供直接的银行服务；③硅谷银行还建立了风险投资咨询顾问委员会，保持与风险投资的密切联系。硅谷银行通过以上的各种努力使得与风险投资共同编织了一个关系网络，大家可以在这个关系网络中共享信息、开展更深层合作。商业银行与风险投资共同支持初创公司的发展。最后，购买市

---

① 范小雷：《发达国家发展战略产业的金融支持路径研究》，硕士学位论文，武汉理工大学，2007。

政债券支持高新技术产业发展。债券融资是证券市场融资的一部分，但是，债券融资比股票融资在成本方面更具优势。高新技术产业是新兴产业，在创办期，通常产业规模小，技术和管理不成熟，营利能力差，如何降低融资成本是一个重要问题。虽然美国 1986 年规定，银行在 1986 年 8 月 7 日之后购买的市政债券不再享有特殊的税收豁免，而在一定程度上削减了商业银行持有市政债券的积极性，但商业银行仍是市政债券的主要持有者，这主要因为许多州和地方政府要求银行吸收公众存款时必须有担保品，而市政债券正好可以满足这一要求。此外，市政债券还可作为商业银行获取美联储再贴现的担保品。[1][2]

三　成功推进风险企业成长的风险投资机制

根据美国"全美风险投资协会"的定义，"风险投资是一种由专门的风险投资公司向具有巨大发展潜力的成长型、扩张型或重组型的未上市企业提供资金支持并辅之以管理参与的投资行为"。[3] 风险投资作为一种新型的投资方式，是实现战略技术产业化和推进高新技术产业发展的强力助推器。1946 年，创设于波士顿的美国研究与发展公司是世界上第一家具有现代意义的风险投资公司，该公司的成立标志着世界风险投资开始制度化和专业化。[4] 20 世纪 50 年代末，以微电子技术、生物技术和材料技术为代表的新技术在美国蓬勃发展，1958 年美国国会通过了旨在支持高科技企业发展的《小企业投资法案》，并给

---

[1]　1986 年以前，美国的商业银行被准许扣除购买市政债券资金利息成本的 80%，而使债券的税后收益格外诱人；但 1986 年出台的《税收法案》中止了这一优惠政策。

[2]　商业银行要经常担任市政债券的承销人或造市商，这就要求其保有一定市政债券的库存量。

[3]　朱信凯、涂圣伟、杨顺江：《国外生物技术产业政策评论及对我国的启示》，《中国软科学》2005 年第 11 期，第 93~97 页。

[4]　蔡鲁明、张亮：《美英日高新技术产业投融资模式比较及其对我国的启示》，《经济管理》2009 年第 7 期，第 151~154 页。

予税收优惠，促使风险投资真正发展成为一个行业。尤其在80年代后期，高新技术产业的迅速发展对资金的需求也日益强烈，美国的风险投资规模开始快速扩张，使美国成为世界上风险投资最发达的国家，对美国的经济增长起到了巨大的促进作用。具体而言，美国的风险投资主要基于以下五个方面特性而对高新技术产业起到重要的推动作用。

（一）偏好投资创业初期的"五新三高"的中小企业

"五新三高"企业是指具备新技术、新能源、新材料、新服务、新经济和高科技、高成长、高回报特点的技术密集型企业。这类企业通常拥有世界前沿的最新科技成果，凭借领先的核心技术，开展高新技术产品的研究、开发、生产等而潜力巨大、成长迅速。但这类企业也通常因处于创业初期，规模偏小，投资风险较高而难以获得传统的融资支持；而风险投资作为一种投资于未来的融资方式，相较于传统融资更多强调安全性，更关注企业创新的可行性、发展前景和增长潜力。因而，风险投资的介入不仅有效解决了风险企业资本不足的难题，消除了风险企业面临的资本瓶颈，拓宽了高科技企业的成长空间，推动了高科技产业加速形成和美国新经济蓬勃发展；而且也有望获得高额的预期收益回报。

（二）不以控股为目的的"资本换股本"的私募投资

风险投资首先是一种通过风险投资机构或个人以私募方式对企业的权益性投资，投入资金直接成为企业的资本金，和其他权益类资本金一起共同形成企业的所有者权益；并按投入的资金比例享有相应的收益回报。但风险投资与银行贷款等传统融资方式的不同之处在于，前者不以收回本金和利息，或控股为目标，而是寄希望企业未来能在二板市场上市或通过股份回购等产权交易方式收回投资后，退出风险企业。因而，风险投资的介入能一方面有助于风险企业免于承担还本付息的重担，降低了融资成本，能以更快的速度发展壮大；另一方面也有助于风险企业的管理和经营优化，使初创的高新技术企业能迅速规范化，有效避免了其因管理混乱而产生的损失和风险，提高发展后劲，为其未来的超常规发展奠定了坚实基础，进而通过保障众多风险企业的快速成长来使美国高新技术产业迅速形成、发展与壮大。

（三）以一定期限内实现退出为目标

风险投资对投资收益回报的追求有时间期限，希望在初始投资后的 5~7 年，风险企业能从其行业领域中脱颖而出，迅速收回投资；风险企业成功脱离初创期的时间越长，就越会增加风险投资的风险和机会成本。因而风险投资的典型运作机制是：融资—投资—退出，通过更大的资本增值来获得回报。

（四）凭借良好的退出机制来保障高投资回报和投资安全

风险投资虽然是一种融资方式，但主要通过产权交易方式来收回投资，退出风险企业。而美国健全的多层次资本市场在客观上为风险投资提供了极佳的退出渠道。美国的四级证券交易市场能适应各个发展时期、不同规模企业的融资需求。据统计，美国由风险投资支持的企业约 20%~30% 完全失败，约 60% 受到挫折，只有 5%~10% 的创业企业能获得成功。[①] 虽然，潜在的高收益是风险资本愿意介入创新企业的直接原因，但风险资本在退出方式方面的创新却是其愿意承担高风险的重要制度前提。通常，风险投资退出的渠道包括股票上市、购并、创业者回购以及股权交易等方式，而 IPO（Initial Public Offering）是风险资本的退出首选。因而，高新技术企业的成长性是决定风险企业能否在二板市场上市，从而决定风险投资能否通过 IPO 或股份转让

---

① 参见张树中、胡海峰《试论美国创业资本的退出机制》，《世界经济》2000 年第 1 期，第 57~60 页。

收回投资的决定性因素。为了能尽早收回投资、获取高回报，风险投资必须关注风险企业的成长性，努力推动创新的进一步发展，这也在客观上加速了技术进步和科技成果向高科技产品的转化。根据美国"进步政策研究所"的一项研究报告指出，1990 年美国公司推出一项新产品的周期是 35.5 个月，而到 1995 年缩短到了 23 个月。风险投资虽然不是导致产品更新周期缩短的唯一因素，但无疑是最主要的因素之一。[①]

（五）基于有限合伙人的组织构架

风险投资发展创新了风险投资企业的组织形式，突破了美国传统的投资公司制度限制，形成了促进风险投资业蓬勃发展的私人风险投资公司（一般为合伙企业或合伙公司）[②]。合伙企业不仅报酬机制灵活，而且允许经理的报酬与经营业绩挂钩，大大激励了投资者的投资热情。"有限合伙人"（LP）自然成为美国风险资本市场的主要投资主体，即在风险投资公司内部，风险投资家是投资基金的普通合伙人（GP），其他投资者就是有限合伙人。[③] 普通合伙人对公司的债务负无限连带责任，有限合伙人只需要按照其出资比例享受收益回报及分担债务，并且按出资额作为最高限额承担风险投资公司的清偿责任。风险投资企业组织形式的创新使风险投资家的私人收益与社会收益大大接近，激励了他们进行风险投资的积极性；有效推动了高科技创新的商业化和高新科技产业的迅速

---

① 韩慧敏：《产业结构调整中的金融支持》，中共中央党校，2006。
② 美国开始从事风险投资的绝大多数是小企业投资公司，早期受资金来源、风险投资家报酬及《1940 年投资公司法》限制，这些企业的发展空间并不大。因为根据《1940 年投资公司法》的规定，公开上市的风险投资企业的经理人员不得接受股票选择权或其他形式的以企业经营业绩为基础的报酬。
③ 李哲、郭金来：《美国风险投资基本经验与启示》，《中国市场》2015 年第 48 期，第 26~32 页。

发展。

综上所述，没有风险资本，就没有美国经济的高速发展。据统计，二战以来，美国95%的科技发明和创新与小型新兴企业有关，风险投资功不可没。英特尔、微软、雅虎、网景、亚马逊、苹果等都曾受益于风险资本的介入而得以快速发展。到1995年，美国主要的风险投资公司多达500多家，能对30000家风险企业进行投资。美国风险投资的60%～70%集中于知识技术密集度较高的产业，如信息、计算机和通信产业、生物工程等，正是这种投资结构有效提高了美国整个产业体系的质量，成功推动了美国产业的升级和新经济的形成。[①]

第二节　日本的政策性金融和主银行体制对
产业升级的金融支持

日本是一个后发的、赶超的、政府主导型的发达市场经济国家。日本经济在战后创造了高速增长的"奇迹"，形成以政府主导为特色的经济增长模式，被称为"日本模式"。这一模式的典型特征是，追赶欧美，以产业现代化和经济大国为目标，利用相对低廉的成本大量购买欧美国家半个多世纪以来投入大量资金和智力形成的先进技术和相应技术设备，在短时间内形成生产能力，推进经济高速发展。为了切实保障追赶所需要的低成本的巨额资金，就必须设定"人为的低利率"——政府在资金需求旺盛的经济发展过程中，实行金融管制，集中有限资金用于大企业发展。因而，利用政府力量管制金融，动员有限资本引进技术设备，发展重化工业和出口导向的大企业；再通过"后发效应"实现经济快速增长，是日本这样的后进国家发展经济的

[①]　韩慧敏：《产业结构调整中的金融支持》，中共中央党校，2006。

必由之路。而与之相匹配的是，日本近现代经济与社会发展进程中形成的以不断完善与优化政策性金融和主银行体制为核心的支持本国产业升级的金融发展模式。

一　有效保障日本经济腾飞的政策性金融

日本的政策性金融机构主要由"二行九库"组成。① "历史最悠久、体系最完善、功能最强大、实力最雄厚"的政策性金融是日本区别于其他发达国家的鲜明特征。无论在推行"倾斜生产型"产业政策的战后经济复兴时期，实行"出口主导型"产业政策的高速增长时期，还是在"追求生活质量"为发展目标的经济腾飞后及亚洲金融危机的拯救时期等各个不同历史阶段，都无不凸显政策性金融在日本经济发展中的不可替代性。

（一）20 世纪 40 年代到 50 年代中期，大力扶持基础性产业，为工业体系的形成奠定基础

这一时期的日本正处于战后恢复阶段，国内生产萎缩，通货膨胀严重。为了恢复生产，日本政府在经济上推行重点发展以煤炭、钢铁、电力、海运等基础工业部门的"倾斜生产方式"；在金融制度上进行了向重点部门、重点行业提供充足资金的全面变革与调整，并于 1947 年相继成立一系列金融公库，以补充民间金融机构的资金

---

① 两大银行：日本进出口银行（主要业务：对私营企业和外国政府提供进出口贸易贷款），日本开发银行（主要业务：对私营企业提供设备投资贷款）。九大公库：国民金融公库（主要业务：对中小企业和个人提供小额贷款），住宅金融公库（主要业务：对私人提供住宅建设长期贷款），农林渔业金融公库（主要业务：提供农林渔业生产贷款），中小企业金融公库（主要业务：对中小企业提供贷款），北海道东北开发金融公库（主要业务：对经营北海道、东北地区开发事业公司提供贷款），公营企业金融公库（主要业务：对地方政府所属"公营"企业提供贷款），中小企业信用保险公库（主要业务：对全国中小企业信用保证协会提供贷款），环境卫生金融公库（主要业务：对洗衣、理发、浴室等企业提供长期贷款），冲绳振兴开发公库（主要业务：对冲绳地区开发、振兴地区经济的企业提供贷款）。

力量不足。

（二）20世纪50年代中期到60年代末，在促进工业体系的形成和壮大基础上，为新兴产业的发展提供重要支持

这一阶段的日本经济呈现十余年的高速增长，产业水平获得了长足发展。日本政府制定了"出口主导型"的产业政策和低利率的金融政策来降低企业成本，促进企业投资。为配合政府的政策意图，这个时期，日本金融政策的主要特点有：（1）实行低利率，降低企业融资成本，促进企业进行设备投资；（2）工业发展优先，无论是政策性金融机构还是民间商业金融机构都被要求优先对工业企业放款，极力向工业部门倾斜，以形成和壮大日本工业体系为主要目标；（3）对机械工业、石油化工和合成纤维等新兴工业部门加大贷款支持力度，有力促进相关产业的发展壮大。

（三）20世纪70年代后，大量投资公共事业项目，提高国民生活质量

这个时期的日本政府取代了企业成为资金的最大需求方，通过发行大规模的国债和建设债券来获得大量资金用于公共事业项目投资。同期的日本政策性金融一改前期向工业发展倾斜的目标，而把提高国民生活质量作为社会经济发展的主要目标来切实执行。其中，住宅金融公库获得的融资比例迅速提高，到了20世纪80年代已上升至15%，其他诸如住宅公团、日本道路公团等财团投资机构获得的投资金比例也上升到了25%。[①]

（四）1997年亚洲金融危机后，承担与构造金融安全网

在金融危机的严重影响下，日本商业银行资金链集体吃紧，商业

[①] 孙芳、黄建红：《日本政策性金融研究及对中国的借鉴》，《福建金融管理干部学院学报》2002年第3期，第10~13页。

贷款大幅削减，企业流动资金极度匮乏。为扭转这一局面，日本政策性银行有选择地大幅增加放款，对有发展前景和增长潜力的企业进行重点扶持。仅 1998 年，日本政策性银行用于恢复经济的贷款就占其当年贷款总额 42%。同年，还修订了《日本开发银行法》，允许日本开发银行临时增设流动资金贷款业务，以缓解企业对流动资金的需求和商业银行资金紧缺的压力，从而使日本开发银行既能满足企业对流动资金的需求，也能缓解商业银行的经营矛盾，维护国家的金融和经济安全。

综上所述，政策性金融是日本超前发展战略和政府主导型市场经济体制的有效结合体，体现了很强的国家政策意图。随着近现代经济与社会的高速发展，日本政策性金融获得了前所未有的发展与壮大，并不断完善优化，成为日本经济发展与产业变革的最强大支柱。尤其值得关注的是，日本政策金融虽然是政府参与建立，但其主要通过以下方面的规范化和法制化运作，使之能与市场机制实现较好的相互协调和配合，对市场机制起到很好的补充辅佐和引导作用：①政策金融的功能选择是建立在民间金融市场选择的基础之上，主要是承担民间金融机构无力或不愿意承担的长期资金信贷业务，资金筹集和贷款业务上与民间金融机构都不存在竞争性。②政策金融体系并不包揽任何一个行业的投资，不会垄断某个投资领域。③政策金融机构不以国家权利代表的身份出现，法律地位上没有任何操纵、干预民间金融机构的特权，而是作为与民间金融机构一样的平等主体参与融资活动。④政策金融很大程度上按市场规则运行，通过专门立法配套实施使政策金融的具体项目都要经过严格审查，企业贷款同样要提供担保或抵押，利率也随市场浮动。因而，日本的政策性金融很少发生坏账损失，例如，中小金融公库 1985 年的坏账损失率仅为 1.6%。①②

二　推进日本经济高速发展的主银行体制

日本金融体系的另一特征是既成事实的主银行体制，其产生背景可追溯至 1942 年日本军需企业的指定金融制度以及战后美国实际控制日本经济时实行的"道奇路线"。在日本经济高速增长时期，过热的投资引发了巨额的投资需求，在企业内部积累不足情况下，企业不得不主要依赖外源融资，从而导致缺失发达证券市场情况下，成本相对低廉的银行资本成为当时日本企业的首选。再加上日本政府为实现经济的快速增长，长期推行低利率，进一步促使日本企业的融资更加依赖银行而形成独具特色的主银行体制。③ 日本的主银行体制有效促进

① 邓艳梅：《产融结合模式的国际比较分析与借鉴——从金融支持主导产业发展角度的研究》，硕士学位论文，浙江大学，2002。

② 但也有许多学者认为，虽然日本曾经借助以银行为主导的政策性金融调整产业结构、促进经济增长，而且即使时至今日，这一制度仍在继续发挥着重要作用，但随着日本政府主导型经济模式在自由化和国际化浪潮中日益被自由市场经济模式所取代，日本的政策性金融制度也走到了改革的关头。其主要原因在于：①当年政策性金融体制产生的社会经济条件已经不复存在。从国内环境看，20 世纪 70、80 年代后，随着日本经济步入低速增长时代，企业对资金的需求减少，民间金融机构提供资金的成本也开始下降，导致大量政策性金融资金闲置；从国际环境看，全球经济正朝向国际化方向发展，自由化经济体制成为主流，政府也应成为一个平等参与的市场主体。那么，作为其政策手段之一的政策性金融制度自然也就面临如何更好地适应新形势、新变化的问题。②政策性金融制度对民间金融机构还是产生了一定的消极影响。日本的政策性金融机构凭借其优势，大举扩张投资范围，已有挤出民间金融机构投资的迹象。加之政策性金融制度产生了庞大而低效的行政机构，使日本政策性金融体制变革的压力日益加大。（韩慧敏：《产业结构调整中的金融支持》，中共中央党校，2006。）

③ 根据富士综合研究的定义，"在主银行制度下，银行不是单纯作为提供资金的金融机构，而是与作为其主银行的企业结成很深的、几乎成为一体的关系。同时，从全社会筹措资金的方法来看，实行主银行制的企业和银行采用'间接金融·相对型'（即，企业主要从特定银行融资）的比重很高也是主银行制度的重要特征之一"。因此，日本主银行体制的主要特征是：①日本通常将对某企业按融资顺序排列在第一位的银行称作主办银行，同时，该银行也是企业开立主要账户和从事外汇买卖的银行。②主银行与企业之间具有长期、固定的交易关系。事实上，双方之间不仅是融资方面的关系，更是综合性的交易关系。③主办银行的证券子公司通常作为该企业发行企业债券的主承销金融机构。（转下页注）

了银行资本与产业资本的紧密结合，成就了日本经济发展中的大型企业集团，为日本重化工业的快速发展和经济赶超战略的实现奠定了基础。因而，其在日本经济高速增长时期发挥的重要作用主要表现在以下三个方面。

（一）为系列日本企业提供巨额资金

日本在经济高速增长时期，为了快速赶超欧美、建立重化工业体系，进行了大规模的设备投资。这个时期，日本企业的绝大部分资金都来源于民间融资，其中来自银行的融资超过90%，形成了日本金融中的"超借"现象；而与企业"超借"现象相对应的是日本城市银行的"超贷"，城市银行直接把日本银行的贷款充当流动资产和准备金（参见表5-1和表5-2）。该体制的优势在于，主银行一方面通过为企业提供综合金融服务和向企业派遣经理人员，了解企业的内情，掌握企业的经营变化，有效克服了银企信贷关系中存在的信息不对称问题；既降低了贷款的信用风险，保证了银行贷款的收益性与安全性，也降低了银行与企业交易过程中的交易费用。另一方面，减少了银行与企业交易间的不确定性，避免了交易中的机会主义倾向，从而能同时保证企业的长期设备投资和银行对企业的大规模贷款。

表 5-1　日本企业外部资金的来源

单位：%

时期	银行融资	债券融资	国际融资
1965~1969 年	92.7	5.0	2.3

（接上页注③）④作为企业最大股东的主银行对该企业的经营状况和发展负有不容推卸的责任。⑤银行通常会向企业派遣职员，以便于及时了解企业的经营状况，帮助企业加强经营管理。⑥在一般情况下，主办银行对该企业贷款的利率比起其他企业，浮动幅度较小。换言之，日本的主办银行对于企业来说，已经不是一个独立的市场主体，而是有特殊意义、特别地位的银行。（邓艳梅：《产融结合模式的国际比较分析与借鉴——从金融支持主导产业发展角度的研究》，硕士学位论文，浙江大学，2002。）

时期	银行融资	债券融资	国际融资
1970～1974 年	91.7	5.4	2.9
1975～1969 年	89.5	8.0	2.5
1980～1984 年	89.3	7.5	3.2

资料来源：日本银行资金循环账目（1965～1984）。

表5-2　日本城市银行的"超额贷款"比率

单位：%

年份	贷款比率	外部负债比率	超额贷款比率
1955	91	7	1
1960	98	14	8
1965	99	21	9
1970	99	18	8
1975	96	8	8

资料来源：孙籍，《浅析战后日本的金融政策工具》，《现代日本经济》1994 年第 5 期，第 5～10 页。

（二）为日本政府实施经济发展战略提供资金保障

后发展国家在实行赶超战略或进口替代战略和建立重化工业时，势必面临积累不足困境而不得不借助政策金融工具控制利率、分配银行贷款等来保证相应战略目标的实现。主银行体制有效保障了日本政府将低息银行贷款分配给战略性部门，以降低这些部门的投资成本，增加其预期收益率的战略意图。而企业也能通过紧跟政府政策，投资政府支持的项目而减少或免于倒闭风险，从而使政府的产业政策发挥巨大功效。

（三）有效避免了其他后发展国家实施政策性金融而出现的金融抑制困境

如前所述，日本政策金融的实施机制是：政策金融机构先行投资，通过利率限制、窗口指导等手段引导和带动民间金融机构跟进投资，这样一种"先导—跟踪"的方式进行，其之所以没有陷入其他后发展国家广泛出现的金融抑制困境，关键还是在于日本的主银行体制。因为：（1）当受产业政策指导的企业进行大规模设备投资时，主银行自然地给予资金支援，同时再通过政府利率限制、窗口指导等方式引导民间金融机构，令它们为经济高速发展提供巨额资金。借助金融机构的中介作用，有效避免了企业把投资风险完全转嫁给政府。（2）银行对企业的贷款置于主银行体系下，有利于保持企业的正常的信用状况。在主银行体制中，主银行对企业经营者有监督、激励职责，甚至在企业经营状况恶化时，将接管整顿企业，撤换企业经理人员，形成对企业经理人的良好利益激励，促使企业严格执行的预算约束。（3）主银行体制中，银行与企业共同分享信息资源，银行根据所掌握的信息监控企业，控制贷款发放，有效保障了银行与企业间的正常信用关系。[①]

表5-3 日本重化工业比率的变动

单位：%

年份	制造业（10亿日元）	重化学工业				轻工业			
		合计	化学	金属	机械	合计	食品	纤维	其他
1950	2276	41.6	14.9	12.6	14.1	58.4	14.0	24.0	20.4
1955	6780	44.6	12.9	16.8	15.0	55.4	17.9	17.4	20.0
1960	15579	56.4	11.8	18.8	25.0	43.6	12.4	12.3	18.9
1965	29497	56.6	12.3	17.7	26.6	43.4	12.5	10.3	20.6
1970	69035	62.3	10.6	19.3	32.3	37.7	10.4	7.7	19.6
1975	127521	61.0	14.1	17.1	29.8	39.0	11.9	6.8	20.3

〔日〕小宫隆太郎：《日本的产业政策》，国际文化出版公司1988年版。

---

① 邓艳梅：《产融结合模式的国际比较分析与借鉴——从金融支持主导产业发展角度的研究》，硕士学位论文，浙江大学，2002。

综上所述，日本的政策金融和银行主导的融资方式对战后日本经济的恢复与腾飞起到了至关重要的作用。两者的共同作用保障了日本政府推行的各个时期的产业政策得到有效贯彻与落实，成功推进了产业结构的升级与优化。如表 5-3 所示，1950~1975 年，日本的重化工业比率提高了近 1/3；而且，银行监控和法人相互持股，既令企业少受股东干预，自主控制性强，又保证了银行对企业的有效监督，维护了企业的长远发展。此外，日本企业间的相互持股，也在一定程度上有效防止了日本企业被欧美投资者恶意收购。这些制度在当时都曾极大地增强了日本企业的凝聚力，为日本经济的高速发展提供了重要保障。

第三节 德国的全能银行制度对
产业升级的金融支持

德国是世界上实行金融混业经营最为典型的国家，其金融体系采用的是混业经营的全能银行制度。德国政府给予德国银行很大的经营空间，并提供法律上的保护。1957 年《联邦银行法》和 1961 年《银行法》为德国银行广泛参与证券、保险、信托等金融业务提供了法律保障，形成了德国银行资本与产业资本交叉融合的全能银行金融体制。

一 德国全能银行制产生的历史背景

德国全能银行制的形成与发展有深刻的历史背景。德国作为后起资本主义国家，在工业化初期，既缺乏充足的资本积累，又缺乏必需的证券市场等直接融资机制来为工业企业融通资金，使德国现代工业的发展不得不依靠银行提供各类型资金和为企业提供全面的金融服务。这个时期，德国主要通过合资来设立银行，这一方面可以尽快扩大股东基数，满足银行自身不断扩充资本金的需求和进行风险管理和资金期限管理的需求；另一方面也能使银行通过持有非银行部门的公司股份，一旦该公司成功上市，银行就可以取得较高收益回报。历史证明，在全能银行体制运作初期，德国的银行体系一直发挥着重要作用，特别在战后重建时期，德国银行以其高效率的运作为国民经济的恢复和发展起到了重要作用。①

目前，全能银行在国民经济中居主导地位已成为德国金融体系的显著特征。德国的全能银行不受金融业务分工限制，既能提供传统的商业银行业务服务，又能全面经营证券、金融衍生品、保险业务和其他新兴金融业务，同时还可以开展实业投资，持有非金融企业的股权。

二　德国全能银行对产业结构调整与升级的影响

与英国、美国等国家相比，德国的股票市场相对不太重要，国内债券市场尽管发展良好，但参与债券市场的主要是政府和银行，一般工商企业很少发行债券。德国企业的外部融资主要依赖银行贷款，尤其是利率固定的长期贷款。贷款证券化程度较低，Poensnen（1980）发现，德国企业75%的债务融资来自银行体系。② 但德国银行业在企业融资中的作用大大超过了英国和美国，银行除了直接给企业提供贷款外，还帮助企业发行股票和债券，同时承担商业银行和投资银行的两项职能。此外，德国的银行还能通过代理股东投票、获得企业监事

---

① 邓兰松、边绪宝：《德国全能银行的发展、变革与启示》，《济南金融》2004 年第 5 期，第 45~47 页。

② Poensgen Otto H.，*Between Market and Hierarchy：The Role of Interlocking Directorates.* Magazine for the Entire Governance Studies, 1980, p. 136.

会席位等方式进一步施加对上市公司的影响。[1]

(一) 强大的银行服务功能

德国的全能银行与其他国家的银行相比,具有以下主要优势:①有明显的资金优势。全能银行以商业银行为依托,具有强大的资金聚集能力,能为其开展投资银行以及其他业务提供充足的资本基础。②能有效降低交易成本。通常,客户从一家全能银行获得多种金融服务的成本往往是低于多个金融机构提供相同服务的成本。③能分散经营风险,通过开展多元化业务来稳定收益。④能更好地处理银行与企业间的信息不对称问题,建立银行与企业间更加长久良好的合作关系。

(二) 全面参与企业融资和公司治理

德国的全能银行可以通过长期贷款、发行股票和债券、持有股份、人事渗透、代理投票等方式,在企业融资和参与公司治理中发挥极为重要的作用。具体而言,德国的银行体系是以全能银行为基础,专业银行为补充,包括商业银行、储蓄银行和合作银行3个体系,其中又以商业银行为核心。全能银行可以全面参与各种金融活动,包括吸收存款、发放贷款(包括抵押贷款)、承销证券发行、直接投资于包括股票在内的各种证券;既可以从事传统的商业银行业务,也可以开展投资银行业务,是一种多功能、全方位的银行。据资料显示,1992年,在德国最大的24家上市公司中,由银行所控制的投票权高达84%,德国三大银行的代表在工商业兼任的职务高达1500多个。[2]

在这种金融体制下,全能银行无疑能从规模经济和范围经济效应中受益。通过直接持股、担任监事、代理投票等方式充分介入企业经

---

[1] 张湧:《以全能银行为基础的德国企业融资模式评述》,《经济评论》2004年第1期,第88~92页。

[2] 张巍钰:《中部地区金融发展与产业结构升级理论及实证研究》,湖南大学,2014。

营，能更广泛深入收集企业信息，更好地监督贷款资金利用状况，制定差别化的信贷政策，从而有效避免信贷市场因存在信息不对称而出现逆向选择问题，从而有助于银行优化信贷资源、降低信贷风险、提高信贷收益。而企业也能在获得稳定的信贷资金的同时，共享银行在金融、技术等领域的专业知识。何况，更重要的是，由于银行在掌握充分的条件下可以实现最优贷款安排；信用状况和财务状况良好企业能通过将内部信息有效地传递给银行监事和银行本身，而获得条件优惠的贷款，避免成为逆向选择的受害者，从而大幅降低了企业的资金成本。

（三）深刻影响企业的融资模式

强大的全能银行和密切的银企关系也对德国的融资模式产生重大影响。由于德国的股票市场不发达、监督功能不明显，公司的股权结构较为集中（许多上市公司的投票权都集中在全能银行手中），更没有建立良好的基于公司股价表现的经理层报酬激励体系。因而通过全能银行代理中小股东投票能在一定程度上解决"搭便车"难题，使上市公司的决策机制不至于因股权结构的过于分散而失效，从而既能避免出现"控制权真空"，又可能制约经理层对公司的"内部人控制"，较好地解决了现代公司中所有者对经营者的监督和制约问题。

综上所述，德国以全能银行为基础的金融体系无论是内在结构，还是外部关系都比市场主导型的融资模式更加简单，对法律体系的要求也比较低，因为中小投资者的利益直接或间接地受到全能银行的有效保护，而不像美国的小股东利益必须由健全的法律体系来保障。因而，其不仅有利于培育和稳定德国企业的所有权结构和控制权结构，而且也能促进银行资本和工业资本的有效结合，从而切实保障德国产业结构的优化升级和宏观经济的稳步增长。

第六章
我国产业升级的银行支持

如前所述，一个国家和地区的产业升级与优化离不开该国的金融支持，本章将从中国银行体系的发展历程和现状分析切入，结合我国产业结构转型升级的历程、特征和问题，对我国产业结构调整与升级过程中的银行信贷支持提供详细梳理与分析。

第一节　中国银行体系的发展历程与现状分析

一国的银行体系通常是该国各种金融体系的基础和重心，尤其在我国其他金融领域发展相对落后情况下，银行体系更是我国金融体系的核心，在国民经济中扮演着举足轻重的角色。

一　我国银行体系的发展历程

我国银行雏形最早可追溯到明代的钱庄和票号；经过多年发展，到民国时期曾形成中央银行、中国银行、交通银行、中国农民银行、中央信托局、邮政储金汇业局、中央合作金库为主体的，包括省、市、县银行及官商合办银行在内的金融体系。① 中华人民共和国成立至今，我国银行体系已经历近 70 年的发展。1979 年前，我国实行计划经济体制，所有银行不分专业，形成了以中国人民银行为中心的"大一统"的银行体系，中央银行沦为政府的"大钱库"，特别是"文革"时期，银行业一度遭受重创，发展缓慢。② 1979 年后，全国的工作重点重新转移到社会主义现代化建设上，银行业也迎来了新的发展机遇。综观我国银行业的发展历程，银行体系的变迁与我国的经济体制改革紧密相关，大致可分为以下四个发展阶段。

（一）1949～1978 年，中国人民银行的创建与国家银行体系的初建

这个阶段的金融体系与我国计划经济目标保持高度一致，中国人民银行是全国唯一的银行，形成了计划经济时期的"大一统"的银行体系。具体而言，（1）1949～1952 年：新中国成立后，把 1948 年 12 月 1 日成立的中国人民银行纳入政务院的直属单位系列，赋予国家银行职能，承担发行国家货币、经营国家金库、管理国家金融、稳定金融市场、支持经济恢复和国家重建的重要职责。国民经济恢复期终结后，中国人民银行成功建立了全国垂直领导的组织机构体系，统一了人民币发行，对各类金融机构实行了统一管理，初步建立了我国的国家银行体系，为新中国的全面经济建设奠定了较好的金融基础。（2）1953～1978 年：为了顺应我国 1953 年后实行的重工业优先发展的计划经济体制，从 1953 年开始，我国建立了集中统一的综合信贷计划管理体制，中国人民银行作为中央计划部门，不仅承担货币发行职能，

---

① 董肖丹：《外资银行进入对我国银行业绩效的影响研究》，硕士学位论文，北京交通大学，2016。

② "文化大革命"时期，商业性金融机构被撤销，中国人民银行并入财政部，银行业一度遭受重创，发展缓慢。（成思危：《中国商业银行的发展历程》，http://blog.csdn.net/skyboy11yk/article/details/9293917）。

而且还是各类政府规划的资金配置中心，全国的信贷资金都由中国人民银行总行统一掌握，实行"统存统贷"，控制流通货币、管理外汇储备、设定利率，及在全国建立了15000家吸收所有存款、发放贷款和保险等业务的分行和支行。[①]

（二）1979~1985年，银行体系重建阶段

这个阶段，我国的银行体系由一元化向多元化转变，打破中国人民银行一统天下的组织结构，按产业分工为主要特征设置了专业银行。（1）人民银行的央行地位确立。1983年9月17日，国务院发文赋予中国人民银行专门行使中央银行职责。[②]（2）工、农、中、建四大专业银行相继成立。1979年2月，国务院发文恢复中国农业银行，中国农业银行于同年3月正式成立；1979年3月，国务院同意中国银行从中国人民银行分设专营外汇业务；1979年8月，国务院批准中国人民建设银行从财政部独立出来，改称中国建设银行；1984年1月1日，中国工商银行正式成立，接办中国人民银行原有的信贷、储蓄等商业银行业务。1984年后，我国又对银行体系进行了一系列改革，引入竞争主体，实现多元化竞争，四大专业银行实现了业务交叉。至此，我国基本形成了以中央银行为领导、以四大国家专业银行为骨干的双

---

① 从名称上看，当时还有三家专业银行：①中国银行是中国人民银行的附属机构，负责所有外汇和国际结算。②中国农业银行成立于1951年，隶属于中国人民银行，处理经济中农业方面的金融问题。农村信用合作社早于中国人民银行成立，负责为农民会员提供基本的银行业务。中国农业银行成立后，农村信用社成为其最基层的单位，负责在农村地区的业务。③中国建设银行成立于1954年，主要办理基建拨款和基建结算业务，归财政部领导；1958年改为财政部基建司，但对外名称未变。1969~1978年，中国人民银行除保留一块牌子外，机构、人员和业务等都并入财政部，其分支机构也随之并入了相应的财政部门（彭欢：《中国银行业市场结构研究》，博士学位论文，西南财经大学，2010）。

② 尽管从1978年3月开始，中国人民银行总行恢复了独立的部级单位地位，但其所担负的商业银行与中央银行的双重职能并未改变；之后，在改革开放方针指引下，我国在1979年初相继恢复主管农村金融业务的中国农业银行；从中国人民银行中分设主管外贸信贷和外汇业务的中国银行；从财政部中分设主管长期投资和贷款业务的中国人民建设银行及1981年底又成立负责接受国际金融机构贷款及其他资金转贷给国内企业的中国投资银行。

层银行体系，完成了银行体系的重建。

（三）1986~1992年，银行体系发展扩大阶段

经历上一轮改革，双层银行体制建立，银行业的进入壁垒初步打破。为促进银行间的竞争，我国开始大力发展多元化银行组织体制，银行体系出现了以下变化：（1）一批新兴的股份制商业银行相继成立。继1986年交通银行以股份制商业银行形式成立后，国有专业银行全面垄断的局面被打破，1987年至1992年，我国又先后成立了招商银行、中信实业银行、福建兴业银行、广东发展银行、深圳发展银行等一批新兴的股份制商业银行参与市场竞争。1987年，出现了城市信用合作社。中国银行体系的结构发生了根本性变化。（2）专业银行国有独资商业银行的垄断地位确立。四大国有专业银行仍存在着较为严格的专业分工，分别在工商企业、农村、外汇和基本建设四大领域占据绝对垄断地位和在存款和贷款上占据绝对优势，形成了国家行政主导下的寡头垄断的银行体系。① 截至1992年年底，我国银行体系吸收的存款比1979年增加了25倍，贷款增加了15倍，各个银行分布在全国的分行和支行增加了8倍。②

（四）1993~2003年，银行体系深化改革阶段

1992年，我国确立了建立社会主义市场经济的目标，银行体系迎来了新一轮的全方位改革：（1）成立三家国有政策性银行。为剥离国有专业银行的政策性业务，推动国有专业银行向自主经营、自负盈亏的商业银行转化，1994年，我国建立中国进出口银行、中国农业发展银行和国家开发银行等三家国有政策性银行。（2）健全银行业相关的

---

① 1986年到1992年，保险、信托、证券等金融机构也得到了迅速发展，上海、深圳两个证券交易所相继成立，我国建立了以中央银行为领导，以专业银行为主体，银行机构与非银行机构并存的金融体系。

② 彭欢：《中国银行市场结构研究》，博士学位论文，西南财经大学，2010。

法律法规。1995 年，全国人大颁布了《中国人民银行法》；1992 年和 1998 年相继成立的中国证监会和保监会逐步取代了中国人民银行对证券和保险行业的监管职能；自 2000 年起，银行体系引入了外部监督机制；2003 年，成立的中国银行业监督委员会，取代了中国人民银行的银行监管职能，并从原来的限制性监管转变为审慎性监管，从金融机构市场的准入监管转变为业务经营的持续性监管；同时在人民银行内部成立金融稳定局，专门负责决定在银行出现挤兑时是否提供流动性支持。自此，中国人民银行成为真正的中央银行。1995 年，《商业银行法》颁布。（3）推行渐进的利率市场化改革。1993 年 4 月，我国开始实行世界各国普遍采用的定期存款利率计算法，利率计算机制同世界接轨；1994 年 1 月 1 日，将双重汇率合并为单一的、有管理的浮动汇率，允许银行间进行外汇交易；1996 年，银行间债券市场成立。另外，这个时期，我国还允许成立中小股份制商业银行，引入贷款分类方法，扩大了股份制银行的所有者范围，承诺开放外资银行进入，建立存款保险制度等一系列改革。因此，我国的银行体系发生了巨大变化，建立了以中央银行为领导、政策性金融和商业性金融相分离，以四家国有控股商业银行为主体，股份制商业银行、城市商业银行、农村商业银行、农村信用合作社和外资银行并存的现代银行体系。银行体系的总资产规模从 1992 年的 8.72 万亿元上升到 2003 年的 27.65 万亿元；存款和贷款总规模分别从 4.36 万亿元和 4.06 万亿元上升到 20.81 万亿元和 16.98 万亿元。

（五）2003 年至今，银行体系改革攻坚阶段和现代银行体系的建立

经过以上三个阶段的改革，我国的银行体系已初步完善，但仍存在很多问题，例如，政府干预依然存在，四大国有商业银行很难真正做到自主经营，银行不良贷款率依然居高不下，资本充足率依

然较低，再加上历史包袱、制度缺陷，银行业的竞争力严重不足，无法适应我国的经济社会发展。2003 年，我国进入了以国有独资商业银行股份制改革为主导、农村信用社改革和其他类型银行改革相继跟进的改革攻坚阶段。其中，国有独资商业银行股份制改革是这个阶段的主要改革目标——将国有独资商业银行改造成为资本充足、治理结构合理、稳健经营及资产质量优良、具有国际竞争力的现代股份制商业银行。2003～2010 年，我国相继完成了对中国银行、中国建设银行、中国工商银行和中国农业银行等四大国有商业银行股份制改造，并按照现代商业银行要求建立了公司治理结构和内部权责制度，不断完善经营管理。同期，农村信用社和其他类型银行的改革也相继得到落实，建立了现代银行体系，我国银行业得到了空前的繁荣与发展。

综上所述，经过近 40 年的改革和发展，我国已由"大一统"的银行体系向多元化转变，初步形成了规模庞大、层次多样的银行体系：(1) 中国人民银行是中央银行；(2) 工、农、中、建构成四大国有商业银行体系；(3) 交通、中信、光大、华夏、招商、民生、深发展、浦发、兴业、恒丰等 11 家股份制商业银行体系；(4) 上海银行、北京银行、渤海银行、浙商银行、徽商银行等为典型的区域辐射和鲜明个性化的商业银行体系；(5) 遍布全国 112 个城市的城市商业银行；(6) 全国星罗棋布的数百家城市信用合作社和农村信用合作社等；(7) 国家开发银行及中国进出口银行等政策性银行；(8) 少量的外资银行、合资银行；(9) 近年因互联网的普及而兴起的网商银行、苏宁银行等网络银行等多种金融机构并存的统一开放、竞争有序的银行体系。银行业的总体经营规模、盈利能力、业务结构、公司治理等都得到了改善与发展，市场竞争力也得到相应提升。

二 我国银行业的发展现状

由前所述，改革开放后，我国银行业在不断探索基础上取得了快速发展，并呈现以下特征。

（一）银行业的总体规模不断扩张

首先，银行业的资产规模持续增长。由图6-1可见，过去的20多年是我国银行业发展的黄金期，金融服务需求的快速增加使得银行业的资产规模以远高于同期GDP的增速持续增长。截至2016年底，我国银行业资产总规模已超过232万亿元。2013年，中国经济进入"新常态"后，随着金融脱媒趋势的加剧和国内经济增速的放缓，银行业的资产增速也在逐渐放缓，从2009年的26.4%降至2013年和2014年的14%左右，但2015年后，随着国内经济形势的好转，其增速又回升至15.7%。

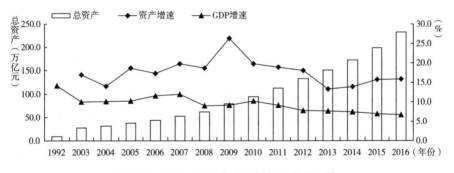

图6-1 1992~2016年中国银行业发展规模

资料来源：中国人民银行和中国银行业监管委员会官网及1992~2017年《中国统计年鉴》。

其次，银行业的经营规模不断扩大。从图6-2可见，我国银行业的信贷规模迅速扩张。截至2016年末，我国银行业金融机构存款总额为155.5万亿元，比1992年增长了35.67倍；贷款总额为112.1万亿元，比 1992 年增长 27.61 倍。但 2009 年后，银行业的存贷款总额增速有所放缓，从原来接近 30% 的增速降至 20% 以下，并有逐渐向 10% 靠近的趋势。因而，我国银行业的增长总体呈现稳中放缓趋势。

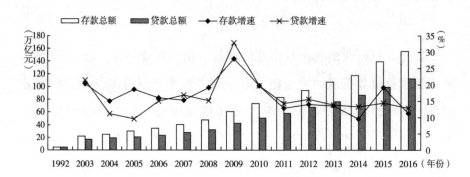

图 6-2　1992~2016 年我国银行业金融机构存贷款总额及其增速

资料来源：中国人民银行和中国银行业监管委员会官网及 1992~2017 年《中国统计年鉴》。

（二）银行体系日益完善

随着我国银行业的稳健发展，一方面，银行类金融机构的门类逐步齐全，数量不断增多，功能逐步完善；另一方面，金融服务的种类与质量稳步提高，对我国经济社会的支持力度逐渐增强，形成了较为完善的银行机构组织体系和健全的服务功能，能为消费者和社会公众提供多种金融产品和金融服务。截至 2016 年年底，我国银行业金融机构包括 1 家国家开发银行，2 家政策性银行、5 家大型商业银行、12 家股份制商业银行、134 家城市商业银行、1115 家农村商业银行、40 家农村合作银行、1125 家农村信用社、1 家邮政储蓄银行、4 家金融资产管理公司、39 家外资法人金融机构、1 家中德住房储蓄银行、68 家信托公司、236 家企业集团财务公司、56 家金融租赁公司、5 家货币经纪公司、25 家汽车金融公司、18 家消费金融公司、1443 家村镇

银行、13 家贷款公司以及 48 家农村资金互助社；共有法人机构 4399
家，从业人员 409 万人。①

（三）银行竞争力不断提高

首先，银行的盈利水平和财务可持续性有较大提高。由图 6-3 可
见，我国银行业金融机构税后利润总额不断增长，盈利能力不断提升；
截至 2016 年末，我国银行业金融机构税后利润总额为 2.1 万亿元，比
2006 年的 0.34 万亿元，增加约 5.2 倍；其中，商业银行实行净利润
1.65 万亿元。银行的资产回报率也一直保持较高水平，2016 年，我国
银行业金融机构的平均资产利润率为 0.96%，平均资本利润率为
12.61%；其中商业银行的平均资产利润率为 0.98%，平均资本利润率
为 13.38%。此外，从图 6-4 可见，我国银行业的盈利手段和渠道进
一步增加，收入结构日益多元化，中间业务增长较快。

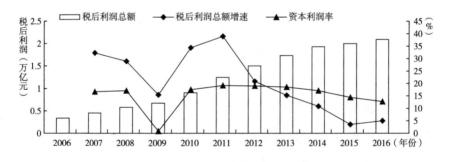

图 6-3 2006~2016 年我国银行业金融机构的税后利润
资料来源：2006~2016，中国银行业监督管理委员会年报。

其次，存贷结构不断优化。（1）从存款结构看，1994 年以来，我
国的储蓄存款和企业存款一直呈上升趋势，前者从 1994 年的 1.59 万
亿元上升到 2016 年的 60.65 万亿元，后者从 1.15 万亿元上升到 53.09

① 中国银行业监督管理委员会 2016 年报。

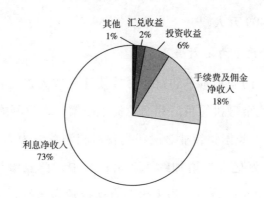

图 6-4 2016 年银行业金融机构收入结构

资料来源：中国银行业监督管理委员会 2016 年报。

万亿元；存款结构稳中向优，储蓄存款占比从 1994 年的 54.03% 下降到 2016 年的 39%，企业存款占比从 1994 年的 39.01% 下降到 34.14%（图 6-5）。（2）从贷款结构看，由图 6-6 可见，短期贷款和中长期贷款都逐年呈递增趋势，短期贷款和中长期贷款分别由 1994 年的 2.34 万亿元和 0.78 万亿元上升到 2016 年的 38 万亿元和 63.51 万亿元，分别增长了 15 倍和 80 倍。1994~2006 年，我国中长期贷款的比重稍高于短期贷款的比重，短期贷款在贷款总额中的比重呈下降趋势，而中长期贷款比重则逐年上升，并在 2005 年左右，中长期贷款超越了短期贷款比重，2010 年前两者间的差距逐渐拉大；但 2010 年后，两者间差距又逐渐缩小，呈现相对稳定态势。（3）从存贷款结构看，1995~2016 年，我国的存贷比相对稳定，基本保持在 1∶1.4。以上这些都为这个时期我国经济的稳定增长创造了良好的金融环境。

（四）银行业的整体效率尚有较大提升空间

首先，储蓄转化为投资的效率不高，渠道不畅。虽然改革开放后，我国的储蓄率持续上升，且随着金融改革的持续推进，尤其是银行业

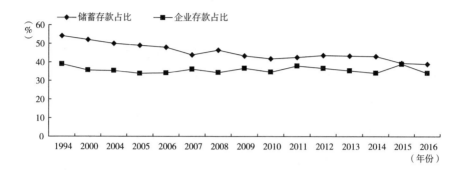

图 6-5 1994~2016 年我国银行业金融机构存款结构

资料来源：2000~2016 年《中国统计公报》。

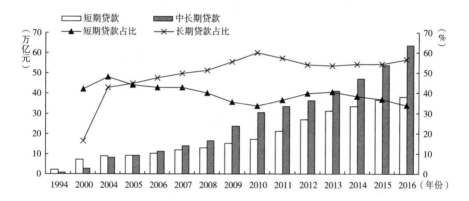

图 6-6 1994~2016 年我国银行业金融机构贷款结构（万亿元）

资料来源：2000~2016 年《中国统计公报》。

的快速扩张，促使储蓄通过银行转化为投资的比率不断提高，1985~
2014 年，我国的储蓄投资转化率最高曾达到 65.10%，但仍明显落后
于日本的 91%，美国的 75%，和 OECD 国家的 60%~95%，甚至与菲
律宾、韩国、印尼、泰国等亚洲国家的 60%~90% 也有一定差距。[①]

[①] 张文文：《我国储蓄投资转化率的实证研究》，硕士学位论文，吉林财经大学，2016。陈
建：《我国储蓄-投资转化率及其区域差异实证研究》，华侨大学，2013。

这在一定程度上阻碍了我国银行体系中的充裕资金顺利流入实体经济。

其次，银行市场的效率有待进一步提高。虽然我国目前银行体系中的机构类别日渐多样，银行企业的陆续上市也在一定程度上改善了银行的治理结构，但发展中也存在若干问题，例如，金融商品价格稳定性出现两极分化，利率尚未完全市场化；金融产品品种少，创新能力不足；市场的风险分散能力较差；市场的平均交易成本较高等。

第二节　我国产业转型升级的发展历程、特征与问题分析

改革开放以来，我国经济体制逐渐由计划经济体制向市场经济体制转变，市场逐步对资源配置起到基础性作用，在各个时期的产业政策配合下，成功推动我国产业结构的调整、升级和优化，实现了经济的高速持续增长。

一　我国产业结构转型升级的历程与特征

自改革开放以来，随着社会经济的发展，我国的产业结构得到不断的升级与改善。

首先，三大产业都得到了快速发展，由表6-1可见，GDP总量由"六五"时期的年平均6445亿元上升到2016年的744127.2亿元；第一产业的比重不断下降，由31.4%下降到2016年的8.6%，共下降了22.8个百分点；第二产业的比重先升后降，由44.2%先上升到2006年最高位47.6%，再逐年下降到2016年39.8%；第三产业的比重持续上升，由24.4%上升到2016年的51.6%，共上升了27.2个百分点。

其次，从表6-1还可以看出，随着GDP的逐年上升，三大产业虽然都得到了不同程度的增长，但第三产业上升最快，其主要原因在于金融保险、房地产、信息咨询、电子商务、现代物流、旅游等现代第三产业的高速增长。2000~2015年，全国金融业增加值从4086.69亿元上升到57500亿元，在第三产业增加值中的比重由9.0%上升为16.8%，提高了7.8个百分点。尤其自2012年，第三产业生产总值首次超过第二产业后，两大产业间的差距呈扩大趋势，这无疑是服务业加快发展，经济结构转型升级，第二、第三产业良性互动的结果，也说明中国经济在转型升级中取得了重大成果，产业结构实现了由量变到质变的跨越。

表6-1 改革开放后，我国的GDP与三次产业结构

统计年度	GDP（亿元）	第一产业（亿元）	第二产业（亿元）	第三产业（亿元）	第一产业比重（%）	第二产业比重（%）	第三产业比重（%）
六五时期	6445				31.4	44.2	24.4
七五时期	14510				26.2	43.2	30.6
八五时期	37626				21.0	46.9	32.2
九五时期	78401				18.2	49.8	32.0
2001	110863.1	15502.5	49660.7	45700.0	14.0	44.8	41.2
2002	121717.4	16190.2	54105.5	51421.7	13.3	44.5	42.2
2003	137422.0	16970.2	62697.4	57754.4	12.3	45.6	42.0
2004	161840.2	20904.3	74286.9	66648.9	12.9	45.9	41.2
2005	187318.9	21806.7	88084.4	77427.8	11.6	47.0	41.3
2006	219438.5	23317.0	104361.8	91759.7	10.6	47.6	41.8
2007	270232.3	27788.0	126633.6	115810.7	10.3	46.9	42.9
2008	319515.5	32753.2	149956.6	136805.8	10.3	46.9	42.8
2009	349081.4	34161.8	160171.7	154747.9	9.8	45.9	44.3
2010	413030.3	39362.6	191629.8	182038.0	9.5	46.4	44.1

统计 年度	GDP （亿元）	第一产业 （亿元）	第二产业 （亿元）	第三产业 （亿元）	第一产业 比重（%）	第二产业 比重（%）	第三产业 比重（%）
2011	489300.6	46163.1	227038.8	216098.6	9.4	46.4	44.2
2012	540367.4	50902.3	244643.3	244821.9	9.4	45.3	45.3
2013	595244.4	55329.1	261956.1	277959.3	9.3	44.0	46.7
2014	643974.0	58343.5	277571.8	308058.6	9.1	43.1	47.8
2015	689052.1	60862.1	282040.3	346149.7	8.8	40.9	50.2
2016	744127.2	63670.7	296236.0	384220.5	8.6	39.8	51.6

资料来源：《新中国 50 年统计资料汇编》和 2000~2017 年《中国统计年鉴》。

再次，就业结构是指劳动力资源在不同产业间的配置。衡量就业结构优化的指标之一就是劳动力在各产业间的分布优化，即在第一产业的份额不断下降，在第二产业和第三产业的份额不断提高，直至第三产业占据相对优势。结合表 6-1 和图 6-7 可见，改革开放后，我国劳动力就业结构变化的主要特征是，同期劳动力就业结构的变动趋势与产业结构的变动趋势大体相同，但就业结构的变动稍滞后于产业结构的变动。与 20 世纪 80、90 年代相比，2016 年，我国第一产业的劳动力比重平均下降了 33.2 个百分点，第二产业和第三产业则分别上升了 7.9 个和 25.2 个百分点；劳动力就业于第二产业的比重上升幅度小于第二产业生产总值占同期 GDP 比重的上升幅度，而第三产业却恰好相反，劳动力就业比重的上升幅度大大高于第三产业生产总值占同期 GDP 比重的上升幅度。而且，自 2011 年末，我国第三产业的从业人数首次超过第一产业的从业人数后，第一产业从业人数逐年减少，第三产业从业人数逐年增长，2016 年，全国第三产业从业人数 33757 万人，比上年增长 2.8%，占全社会从业总人数的 43.5%，比 2011 年提高 0.9 个百分点，分别高于第一产业和第二产业 15.8 个百分点和 14.8 个百分点。第三产业从业人数员占全国就业总人数比重的不断增加，也从另一侧面说明我国产业结构的转型升级取得了较大成效。

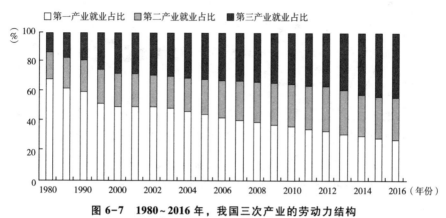

图6-7 1980~2016年，我国三次产业的劳动力结构

资料来源：《新中国50年统计资料汇编》和2000~2017年《中国统计年鉴》。

最后，由图6-8描述的三次产业增加值对我国GDP增长的贡献率可见，1978~1991年，三次产业对GDP的贡献率起伏较大。[①] 但1992年以后，三次产业对GDP的贡献率的变化相对稳定，第一产业对GDP的贡献率从1992年的8.4%降低到2016年的4.4%，呈逐年下降趋势；第二产业对GDP的贡献率从1992年的64.5%降低到2016年的37.4%，也呈逐年下降趋势；第三产业的贡献率从1992年的27.1%上升到2016年的58.2%，呈逐年上升趋势。这也同样说明，我国的产业结构随着我国的经济发展不断转型升级。

从以上三组数据可以看出，经过多年的经济发展，在我国的产业结构中，虽然农业总产值占GDP的比重下降较快，但其国民经济基础性地位仍然存在，总量也稳中有升；第二产业比重呈缓慢下降趋势，但总量快速上升，为我国的经济发展奠定了坚实的工业基础；第三产业从缓慢上升到快速发展，且随着满足人民对生产生活的文化、教育、

[①] 这可能与这段时期我国的经济体系发展不完善有关。

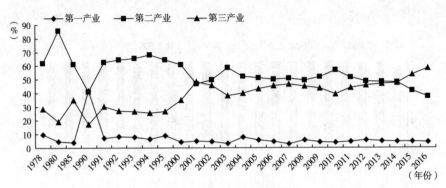

图 6-8   三次产业的贡献率

资料来源：《新中国 50 年统计资料汇编》和 2000～2017 年《中国统计年鉴》。

电信、金融、保险等社会服务业需求的不断增大，第三产业的发展空间将进一步拓展，我国经济正逐步由工业经济发展为工业与服务业双轮驱动。

二 我国产业升级存在的主要问题

虽然，如前所述，改革开放以来，我国产业的升级与优化取得了较大成就，但也存在以下四方面的问题。

（一）二元结构特征仍然明显

城乡二元经济结构一直是我国社会经济发展中的重要问题，如何通过产业结构的调整与优化来缩小城乡差距也就自然成为我国产业政策的一个重要目标。2016 年我国城镇化率为 57.4%，但户籍人口城镇化率却仅为 41.2%，低于前者 16.2 个百分点，这说明，城镇居民所能享有的保险、教育等方面的许多福利是在城务工的农民无法享受的。结合图 6-9 提供的两组数据，我们能清楚地看到，我国长期存在的城乡二元经济结构问题。首先，从城乡居民收入看，城镇居民家庭人均可支配收入由 2000 年的 6280 元增加到 2016 年的 33616 元，增长了

4.35 倍，而农村居民家庭人均纯收入则同时期从 2253.4 元增加到 12363 元，增长了 4.49 倍；城乡居民收入差距略有缩小，但变化并不显著，2016 年前者的人均可支配收入仍是后者的 2.72 倍，两者间的差距依然较大。因而，未来产业结构优化的一个重要任务仍然是缩小城乡居民的收入差距。其次，从城乡居民的消费水平看，从 2000 到 2016 年这 16 年间，虽然城乡居民的消费水平分别增加了 4.17 倍和 5.61 倍，农村居民消费水平的增长速度略高于城市，但增幅并不明显，2016 年城市居民的消费水平是农村居民的 2.72 倍，两者间的生活质量差距依然很大。最后，从恩格尔系数看，城乡居民的食品支出总额占消费支出总额的比例都在逐年减小，分别从 1978 年的 57.5% 和 67.7% 下降到 2016 年的 29.3% 和 32.2%，农村居民的下降幅度明显高于城镇居民 7.3 个百分点，但两者间的差距仍然存在。

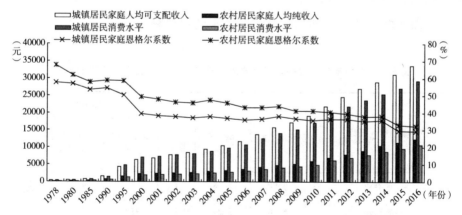

图 6-9 1978~2016 年，我国城乡居民的收入水平与恩格尔系数

资料来源：《新中国 50 年统计资料汇编》和 2000~2017 年《中国统计年鉴》。

（二）垄断行业效率偏低

我国垄断行业与竞争行业的主要矛盾在于，垄断价格获得的巨额利润不仅导致收入分配的不公平，而且损害了垄断行业的效率激励。

首先，一些垄断行业或垄断业务更多凭借垄断力量而非经营效率来获取高额利润。例如，在我国的通信领域，三大运营商——中国移动、中国联通和中国电信直至 2017 年 9 月 1 日才不得不宣布全面取消手机用户的国内长途漫游费。在此之前，漫游费一直是运营商利润最为丰厚一项收入，而漫游成本却几近为零，暴利完全来源于运营商的垄断。

其次，部分垄断行业或垄断性业务凭借其垄断力量，获取较高收入。以表 6-2 所示的 2009~2010 年细分行业的职工平均工资为例，除邮政业和水的生产和供应业的职工平均工资收入略低于全国平均水平（2009 年和 2010 年的全国平均工资分别为 32244 元和 36539 元）外，其他行业均高于全国平均水平；尤其是证券业职工的平均工资收入更是全国平均工资的 5 倍。航空运输业、银行业和烟草业的职工平均工资收入也分别高于全国平均工资一倍以上。行业间的收入差距极为明显，而垄断是造成这种收入分配不公平的主要根源。①

表 6-2　典型垄断行业平均工资收入、排名以及为全国平均工资的倍数

垄断行业名称	2009 年			2010 年		
	平均工资（元）	为全国平均工资倍数	排名	平均工资（元）	为全国平均工资倍数	排名
证券业	166985	5.18	1	168116	4.60	1
航空运输业	80207	2.29	3	91913	2.52	2
银行业	70041	2.17	6	81533	2.23	5
烟草制品业	67156	2.08	7	78675	2.15	6
石油和天然气开采业	48251	1.50	19	55099	1.51	16

① 余丰慧：《七大垄断行业占全国工资福利 50%》，《世纪经济报道》2010 年 11 月 29 日。

续表

垄断行业名称	2009 年			2010 年		
	平均工资（元）	为全国平均工资倍数	排名	平均工资（元）	为全国平均工资倍数	排名
电信和其他信息传输服务业	49497	1.54	17	54785	1.50	18
电力、热力的生产和供应业	45149	1.40	22	51273	1.40	23
铁路运输业	41599	1.29	27	48274	1.32	24
石油加工、炼焦及核燃料加工业	40450	1.25	30	45754	1.25	28
燃气生产和供应业	36242	1.12	40	40505	1.11	40
保险业	33152	1.03	50	39070	1.07	46
邮政业	31697	0.98	52	36287	0.99	52
水的生产和供应业	29219	0.90	60	32255	0.88	64

资料来源：2010 年和 2011 年《中国劳动统计年鉴》（排名情况为垄断行业在 109 个细分行业中的排名）。

最后，垄断造成行业效率低下。大量研究文献都曾用翔实的理论与数据分析证明垄断造成了我国相关行业效率的低下。例如，涂正革、肖耿（2005）经过测算我国大中型工业企业 1996~2002 年的全要素生产率（TFP）后发现，开放程度高、竞争性强的行业的 TFP 值较大，而高度垄断、开放性低的行业生产率增长较慢；尤其是国家垄断行业，电力工业年均 TFP 下降 4.1%，自来水行业年均 TFP 下降 4.0%。[①] 吴振球（2009）也通过对铁路运输业、自来水生产与供应等垄断行业的 TFP 测算后，得出了相同结论。[②]

---

① 涂正革、肖耿：《中国的工业生产力革命——用随机前沿生产模型对中国大中型工业企业全要素生产率增长的分解及分析》，《经济研究》2005 年第 3 期，第 4~15 页。

② 吴振球：《规制重构中自然垄断性行业经济效率的分析——基于国家铁路运输业等三个行业的研究》，《宏观经济研究》2009 年第 10 期，第 25~30 页。

（三）产业核心竞争力较弱

产业的核心竞争力在一定程度上取决于该行业中典型企业的竞争力。根据 Hamel（1990）定义，核心竞争力是能使公司为客户带来特殊利益的一种独有技能或技术。因而，其首先能很好地实现顾客所看重的价值，例如，能显著降低生产成本，提高产品质量，提高服务效率，增加顾客效用，给企业带来竞争优势。其次，还必须为企业所特有，且竞争对手很难模仿，即它不像材料、机器设备等能在市场上购买到，而是难以转移或复制。正是这种难以模仿的能力能为企业带来超过平均水平的利润。再次，具有延展性，能够同时应用于多个不同任务，使企业在较大范围内满足顾客需要。最后，其不仅可以表现在技术上，还可以表现在生产经营、市场营销和公司财务上。而盈利能力就是核心竞争力最直接的表现指标之一。①

目前，我国企业的核心竞争力依然较弱。由表 6-3 所显示的 2012~2014 年，各国拥有的世界 500 强企业的对比可以看出，虽然我国入选世界 500 强的企业数由 2012 年的 79 个增加到 2014 年的 100 个，入选总数仅次于美国，但从平均每家企业的营业额和利润额来看，我国与美国及其他国家间仍存在较大差距，我国企业的盈利能力仍然有待提高。另外，从入选前 50 强企业的行业分布来看，我国入选的 7 家企业分别是工、农、中、建、交行、国家开发银行和中国石油天然气集团公司，行业极为单一，集中于金融和能源行业；而同期美国入选的 24 家企业却分布在互联网、银行、电信业、零售业等多个行业，发展相对均衡。再者，从入选企业竞争力的来源看，不同于其他国家的入选企业多基于市场竞争发展壮大，具有可持续的创新力和竞争力；我国的企业却更多基于行政或自然垄断，其竞争力尤其是创新能力严重不足。

① Prahalad Hamel, *The Core Competence of the Corporation*, Harvard Business Review, 1990.

表6-3 主要国家世界500强比较

国家	企业个数（家）			营业收入（单位：百万美元）			利润（单位：百万美元）		
	2012年	2013年	2014年	2012年	2013年	2014年	2012年	2013年	2014年
美国	132	132	128	8406900.3	8307828.3	8513776.9	552232.9	564257.2	804924.9
中国	79	95	100	4245898.2	5058439.1	5937489.3	227589.2	266034.4	303458.8
日本	68	62	57	3595137.2	3448885.8	3056508.2	71406.2	85740.5	138624.2
法国	32	31	31	2046964.9	1836278	2078681.1	80235.6	41873.8	51509
德国	32	29	28	2163616.9	2006587.1	2020744.3	79049.9	70694	69975.3
英国	24	26	28	1516685.7	1537227.7	1491541.9	119386.9	42732.6	13044.2
瑞士	15	14	13	784742.5	794325.5	696148.3	59682.9	45870.2	34803.6
荷兰	12	11	13	1005351.7	954420.4	1023833	47841.7	42604.6	37756.1
韩国	15	14	17	704520.7	611716.5	654675.2	32711.6	39832.7	18947.5
加拿大	11	9	10	351073.1	287866.8	332195.9	54594.8	27063.3	28681.6

资料来源：根据财富中文网（www.FORTUNEChina.com）的相关资料整理而得。

（四）产能过剩问题突出

产能过剩是市场经济中普遍存在的一种经济现象。产能利用率是判断产能过剩的直接指标。欧美国家一般认为比较合理的产能利用率是79%~83%，低于75%则为产能严重过剩。我国自20世纪90年代初出现产能过剩后，就一直伴随着中国的经济增长而长期存在，其中，产能过剩比较严重的时期分别是20世纪90年代、2002~2006年以及2008年经济危机后。尤其2008年，受全球金融危机影响，国内的钢铁、有色金属、水泥等行业一度陷入严重困境，为缓解困难，我国相继实施4万亿元的投资计划、十大产业振兴规划和宽松货币政策等刺激政策，给钢铁、建材等行业创造了巨大的需求，但也因此导致这些行业的过度盲目投资，从而引发之后的极为严重的产能过剩。

根据2009年工业和信息化部公布的各行业具体产能过剩情况，钢铁、水泥、平板玻璃、传统煤化工、多晶硅、风能设备等行业的产能利用率平均不足 75%，而这个数据还未计入新的在建工程项目；尤其多晶硅行业在 2008 年的产能利用率仅为 20%（同样，这个数据也未计入当时仍在建的 7 万吨多晶硅产能），过剩程度极为严重。与此同时，电解铝、乙烯、炼油、造船、大豆压榨等行业的产能过剩矛盾也非常突出，充分凸显了国内工业产能过剩的普遍性。产能的严重过剩导致相关产品价格的持续下跌，企业生产经营陷入困境，行业整体效益大幅下滑，严重影响了相关行业的健康发展。事实上，我国产能严重过剩问题除了受本轮的强经济刺激催化外，也有其历史与体制上的原因。例如，中央政府的过度激励又缺乏退出机制的产业政策，受考核机制影响导致的地方政府间过度竞争，及国有企业的产权及管理体制无法真实反映市场需求而引发过度投资等。因而，要改变这种现象，就必须实行新旧动能转换，积极发展新兴产业，淘汰落后产业，尽快推进产业结构的合理化。

第三节　我国银行信贷对产业转型升级的支持

在商业银行的各种业务中，信贷业务是商业银行的主要业务，商业银行信贷资源配置的效率高低对国民经济的发展有着举足轻重的作用。改革开放以来，随着我国经济社会的迅速发展，我国银行业通过有效的信贷配置对三次产业结构的转型升级起到了重要的助推作用。

一　银行信贷支持产业转型升级的理论分析

一国经济发展的最终动力源于该国产业结构的升级优化，而产业结构转型升级的动力通常源于技术进步，技术进步自然离不开大量资金的投入。金融作为一个国家和地区资金融通的核心环节，既能聚集分散于储蓄者手中的社会闲散资金，提供给生产和流通部门的资金需求者，从而加速资金的循环流动，扩大整个社会的资金来源；也能实现短期资金向长期资金的有效转化，为固定资产投资、先进技术研发、大型设备项目投资提供资金来源，从而促进社会生产活动的扩大和生产技术的进步。换言之，金融机构能通过一系列的制度安排，克服信息不对称和交易成本问题，实现资金规模经济，提高要素投入，为产业结构的优化和升级提供坚实的资金汇集的制度保障。

我国是典型的银行主导的金融体系，银行作为间接的金融中介，为我国的企业和部门提供了超过70%的资金，因而，商业银行的信贷资金对我国产业结构转型升级的影响至关重要。通过信贷资金的投放，商业银行将社会闲散资金聚集后，以生产性贷款和消费性贷款的方式分配给不同行业，从而分别从供给和需求两方面影响产业结构的变动：生产性贷款通过直接将资金投入生产部门用于固定资产的购置和更新，通过影响固定资产存量结构的方式来决定未来产业结构转型与升级的方向与力度；消费性贷款则通过影响未来消费需求变化来引导和支持相关行业的发展，推进产业结构的调整与优化。因而，在一定的经济环境中，凭借产业政策和货币政策的选择（如，差别利率政策和信贷选择政策），可以引导信贷资金的行业投向，鼓励或限制不同产业或企业的发展，从而有效推进该国家或该地区的相关产业结构的调整和升级。信贷资金影响产业结构转型升级的另一个机制是通过改变生产要素在各产业间的相对投入水平来推动产业结构的优化。商业银行作为追求自身利益最大化的、自负盈亏的、独立经营的经济主体，势必以信贷资金的收益性、流动性和安全性为原则，通过对不同项目的贷前风险收益评估，决定信贷资金在不同项目间的配置，令信贷资金能在各产业部门间从效益低的产业向效益高的产业流动来带动其他生产要素从过剩产业、传统部门向战略性产业、新兴产业转移，从而提高资源的配置效率和要素生产率。[1] 而政策性银行的存在，将与商业银行的信贷资金形成互补关系，帮助政府推行产业政策，引导资金投入商业金融机构不愿或无力支持的新兴产业和战略性产业，以实现对市场机制的调节和补充。

最后，信贷资金对于产业结构转型升级的作用还体现在信贷投向的前瞻性与引导性。现实中，商业银行信贷资金的投向并不局限于已经明显存在效益的项目或行业，而是以资金的增值返还为出发点，引导其选择具有超前性，及有广泛的前向、后向和旁侧扩散效应的产业项目进行投资，有助于催化主导产业与相关产业的发展，以及推进合理的产业结构体系构建、调整与更迭。[2]

二 银行信贷支持产业升级的实证分析

如前所述，银行体系一直是我国金融体系的主要组成部分，亦是我国产业结构升级调整的主要资金支持。本章将在实证数据分析基础上，对我国银行信贷对产业结构升级调整的作用机制、主要特点及影响效应作简单分析。

（一）银行信贷资金为我国产业结构升级提供长期资金支持，并一直占据主导地位

1. 银行信贷资金是我国产业结构调整升级长期资金来源

作为后起的发展中国家，我国金融体系的建立与发展深受政府的

---

[1] 商业银行还有一个重要作用是，能有效监督和审查已发放的信贷资金使用情况，从而减少道德风险，提高信贷资金使用的安全性和收益性。（亦可参见吴琼《产业结构转型升级与商业银行信贷行业结构调整研究》，硕士学位论文，浙江大学，2013。）

[2] 傅进、吴小平：《金融影响产业结构调整的机理分析》，《经济与金融》2005 年第 2 期，第 30~34 页。

影响与干预，银行的信贷政策也充分反映了其与各个时期国家产业政策的相机抉择。中华人民共和国成立后，为实现农业国向工业国的转变，国家制定了大力发展工业相关产业的产业政策。而为配合该政策的实施，我国商业银行信贷资金大量投向第二产业。从表 6-4 可见，改革开放前，第二产业的固定资产投资比重接近 60%，而第一产业的固定资产投资比重仅为 3.85%。改革开放之后，固定资产投资在三次产业间的分布逐渐趋于合理，尤其是随着第三产业的各行业在经济增长中发挥着越来越重要的作用，商业银行的信贷资金也开始积极向第三产业注入，第三产业的固定资产投资比重在 20 世纪 80 年代后期稳步上升，并自 1995 年起，超过了之前一直处于绝对优势的第二产业，2016 年，第三产业的固定资产投资比重上升至 58.3%，而第二产业的固定资产投资比重下降到 38.25%。

表 6-4 1951~2016 年三次产业的固定资产投资额比重

单位：%

年份	第一产业	第二产业	第三产业
1951~1978	3.85	56.73	39.42
1979~1980	4.44	51.29	44.27
1980~1985	2.24	55.68	42.1
1986~1990	1.03	62.1	36.87
1991~1995	0.99	54.03	44.99
1996~2000	1.51	38.96	59.52
2001~2005	1.36	39.84	58.8
2006~2010	1.4	43.0	55.8
2011	2.81	42.53	54.66

年份	第一产业	第二产业	第三产业
2012	2.93	42.24	54.83
2013	2.51	41.41	56.08
2014	2.70	40.56	56.74
2015	3.12	39.9	56.97
2016	3.45	38.25	58.3

资料来源：《新中国50年统计资料汇编》，2000~2017年《中国统计年鉴》，《中国固定资产投资统计资料》。

同时，第二产业的内部结构也发生重大转变。改革开放前，我国因实行重工业优先发展战略，轻重工业的固定资产投资比重约为1:9。改革开放后，为了扭转重工业过度发展，轻工业严重落后给人民生活造成的影响，我国开始注重发展轻工业。由图6-10可见，改革开放后，我国轻工业的固定资产投资比重快速上升，重工业的固定资产投资比重迅速下滑，并在"八五"期间达到了首个重工业固定投资的低点73.6%；1985年后，我国开始实行支持交通、通信、能源等基础工业的产业政策，加大了对重工业投入，因而，重工业的固定资产投资比重又开始缓慢回升；直至20世纪90年代后，我国再次加大对轻工业的支持力度，轻工业的固定资产投资比重急速上升，并在"十一五"期间超过了当期的重工业固定资产投资比重后，一直持续走高。[1]上述变化充分反映了我国的商业信贷与产业结构间存在紧密互动，产业结构开始逐渐向高级化和合理化发展。

但是我们也同时注意到，我国第一产业的固定资产投资比重一直

---

[1] 吴琼：《产业结构转型升级与商业银行信贷行业结构调整研究》，浙江大学，2013。

偏低，并一度出现严重下滑；直至21世纪后，我国认识到农业在经济发展中的基础性地位，对第一产业投资的长期偏低既不利于第一产业的发展，也会影响未来产业结构的合理化发展，而开始持续增加对第一产业的投入，使第一产业的固定资产投资比重逐步回升，并在2015年后，连续两年超过3%。

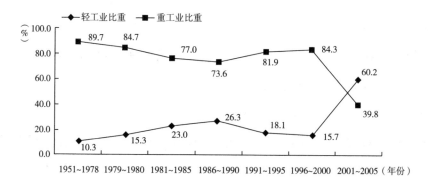

图6-10　1951~2005年，我国轻重工业固定资产投资额的比重

资料来源：根据《中国固定资产投资统计资料》；《中国统计年鉴》。

2. 银行信贷资金在我国产业融资体系中一直占据主导地位

作为后起的发展中国家，我国在工业化的初期，同样缺乏以证券市场为基础的直接融资所要求的发达健全的信用体系和完善的市场机制，因而经济发展初期的产业融资体系必然是银行占据绝对优势的间接融资。而且，即使我国已从20世纪80年代开始发展以证券市场为主导的直接金融，但也因发展时间较短而规模有限。例如，对比1993~2013年银行贷款增加额与境内股票筹资额可以发现，每年新增股票融资额与银行贷款的比例约为1∶9，银行贷款占比超过90%。因而，在过去及未来相当长的一段时间内都不可能撼动银行间接融资的主体性地位，我国产业结构调整升级的资金支持仍然必须依靠银行信贷来完成。

（二）银行对三大产业的信贷配置

1. 银行对第一产业的信贷配置

改革开放以来，我国农业得到了前所未有的发展，基础设施投入和农业生产水平都有了跨越式提高，农林牧渔业总产值从 1978 年的 1017.5 亿元增长到 2016 年的 62918.7 亿元，增长了约 61 倍。农林牧渔业的快速增长离不开国家农业政策的积极支持，而其中最有力的支持就是我国持续实施的农业信贷支持政策。据相关数据显示，我国对农业的信贷支持从 1978 年的 115.6 亿元增长到 2015 年的 263522 亿元。其中，1985~2000 年，农业贷款所占比重增长较为缓慢，此期间的总增幅度仅为 2.15 个百分点；但 2000 年后，农业贷款所占比重迅速上升，年平均增速超过 10%，超过同期其他各项贷款平均增速近 5 个百分点；尤其是 2009~2013 年，我国农业贷款连续 4 年实现了"两个不低于"目标——"贷款增量不低于上年、增速不低于贷款平均增速"。截至 2015 年末，我国金融机构有涉农贷款余额 17.6 万亿元，占当年各项贷款比重的 27.8%，比 2014 年增加了 28802.7 亿元，同比增长 11.7%。另外，从农业贷款的内部结构看，农村基础设施建设、农用物资和农副产品流通及农田基本建设贷款同比增长幅度远远高于农业贷款总量的增长幅度（11.7%），2015 年分别增加了 17.9%、18.6% 和 18.4% 和（见表 6-5），这也进一步说明 21 世纪以来，国家从战略高度和长远角度来审视农业问题，把解决好"三农"问题作为经济社会发展中的重中之重，不仅大幅增加了农业领域的投资和信贷，而且强化了金融政策和产业政策协调配合，大力支持现代农业发展，致力为农业可持续健康发展创造良好局面。

表 6-5　2015 年，我国金融机构涉农贷款

单位：亿元

项目	余额		当年新增额		同比增长（%）
	本期	占各项贷款比重（%）	本期	占各项贷款比重（%）	
贷款总计	262322	27.8	28802.7	28.6	11.7
（一）农林牧渔业贷款	35137	3.7	1897.3	1.9	5.2
（二）农用物资和农副产品流通贷款	27427	2.9	4532.1	4.5	18.6
（三）农村基础设施建设贷款	32519	3.4	5042.8	5	17.9
（四）农产品加工贷款	13907	1.5	582.1	0.6	4
（五）农业生产资料制造贷款	6836	0.7	137.4	0.1	-4.9
（六）农田基本建设贷款	3345	0.4	549.5	0.5	18.4
（七）农业科技贷款	458		3.7		-1.4
（八）其他	144073	15.2	16057.7	16	12.4

资料来源：《中国金融统计年鉴》，2016。

2. 银行对第二产业的信贷配置

投入第二产业的信贷资金基本分布在两个最重要的子行业——工业和建筑业。

首先，如图 6-11 所示，1985~1995 年，我国工业信贷总量一直处于上升趋势，从 1985 年的 1540.91 亿元上升到 2010 年的 38769 亿元，年均增速超过 90%。从工业信贷所占信贷总额的比重来看，除 1990~2000 年略有下降外，总体亦呈上升趋势，从 1985 年的 29.63% 上升到 2010 年的 40.38%；尤其 21 世纪后，工业贷款不仅增速加快，而且贷款总额也大幅增长，可见我国对工业的重视程度和支持力度进一步提升。截至 2015 年末，我国工业中长期贷款余额 7.49 万亿元，同比增长 5%；其中，重工业和轻工业的中长期贷款余额分别为 6.62 万亿元

和 8638 亿元，同比增长 4.9% 和 5.7%。[①] 这既由工业是国民经济支柱性行业的本质决定，也契合我国不断加快工业化进程，实现工业现代化的战略目标。

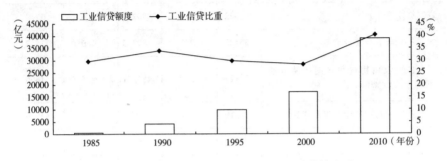

图 6-11　1985~2010 年工业信贷占银行信贷的比重

资料来源：刘平，《我国商业银行信贷对产业结构影响实证研究》，湖南科技大学，2013；《新中国 50 年统计资料汇编》；2010~2015 年《中国金融年鉴》。

其次，从图 6-12 看，与工业信贷相比，我国同期投入建筑业的信贷比重较低，约占银行信贷总额的 3%。这部分信贷总量随着我国房地产市场的蓬勃发展而持续上涨，从 1985 年的 267.07 亿元增长到 2015 年的 31600.11 亿元；但其在信贷总额中的比重却在 1995 年后略有下降，这一方面说明，我国信贷总量的快速上涨，另一方面对比近年持续火爆的房地产市场，也从侧面反映了房地产市场泡沫显现及其对国内实体经济的侵蚀。因而，为了确保我国社会经济健康发展，我国自 2010 年开始实施房地产调控政策，建筑行业的信贷资金配置收紧，加之 2008 年国家为应对金融危机而实施"四万亿计划"刺激内需政策后，开始收紧银根，信贷总额增速下降，建筑行业的银行信贷量也相应进一步减少，2016 年，建筑业信贷比重降至 3.28%。

---

① 中国人民银行：《金融机构贷款投向统计报告》，2015。

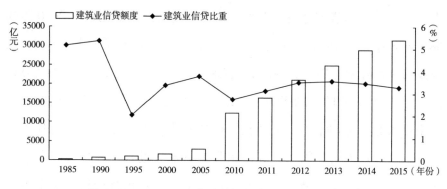

图 6-12 1985~2015 年建筑业信贷占银行信贷的比重

资料来源：刘平，《我国商业银行信贷对产业结构影响实证研究》，湖南科技大学，2013；
《新中国 50 年统计资料汇编》；2010~2015 年《中国金融年鉴》。

3. 银行对第三产业的信贷配置

第三产业，也称服务业，其发展水平是衡量一个国家和地区生产社会化程度和市场经济发展水平的重要标志，因而积极发展第三产业有利于促进市场经济发展和优化社会资源配置。改革开放以来，我国的第三产业发展迅速，第三产业总产值由 1978 年的 905.1 亿元上升到 2016 年的 384220.5 亿元，在国民经济中的比重和贡献率也从 24.6% 和 28.4% 分别快速上升到 51.6% 和 58.2%。第三产业的快速发展和结构优化离不开大量资金的投入和大规模的固定资产建设。由图 6-13 可见，改革开放后，我国第三产业的信贷资金投入总量和固定资产投资总量呈快速上升趋势，尤其 21 世纪后增长更为迅速，固定资产投资总额从"六五"期间年均 1719.83 万亿元快速上升到 2015 年的 3201.99 万亿元，占全社会固定资产总投资的比重也从 50.4% 上升至 57%；信贷资金投入总量也从 2010 年的 1985.84 万亿元快速上升到 2015 年的 4100.71 万亿元。另外，从图 6-13 还可以看到，进入 21 世纪后，我国第三产业固定资产投资总额占全社会固定资产投资总额的比重稳中略有下降，从"七五"期间的 61% 下降到基本保持在 55% 左右；第三产业信贷资金投入总量占全社会信贷总额的比重从 2010 年的 68.6%下降至 2015 年的 42.3%。但同期第三产业生产总值占 GDP 比重及第三产业对 GDP 的贡献却一直保持上升趋势，尤其是 2014 年后，第三产业对 GDP 的贡献率的上升趋势极为明显，同时，第三产业信贷资金投入总量中用于固定资产投资的比重也在逐年下降，并呈现扩大趋势；这些都说明我国在经济体制改革的推进过程中，尤其进入"新常态"积极推进供给侧结构性改革后，第三产业内部的信贷资金流向和投资结构发生了重大变化（见表 6-6），人力资本、先进技术对我国第三产业的贡献率逐步上升，资本的贡献率相对下降，第三产业的产业结构得到了进一步的升级和优化。

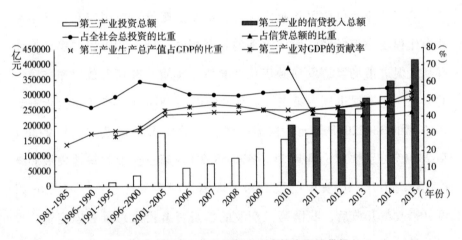

图 6-13 我国第三产业的固定资产投资和信贷投入

资料来源：《新中国 50 年统计资料汇编》；2000～2016 年《中国固定资产统计年鉴》；2000～2016 年《中国金融年鉴》；2010～2016 年《中国第三产业统计年鉴》。

表 6-6 2010～2016 年我国第三产业相关行业的信贷投入

单位：亿元

年份	2010	2011	2012	2013	2014	2015
批发和零售业	33299.37	42985.60	52677.77	64264.48	78784.63	84592.35
交通运输、仓储和邮政业	46273.99	53529.59	61208.31	69324.73	83288.11	93547.08

续表

年份	2010	2011	2012	2013	2014	2015
住宿和餐饮业	2895.75	3504.79	4535.50	5867.78	6557.16	6847.8
信息传输、软件和信息技术服务业	1927.57	1911.88	2333.70	2947.95	3154.62	3784.21
金融业	890.34	1275.44	2160.63	2946.33	3969.8	31342.2
房地产业	33559.74	35755.20	38949.23	45275.10	53841.39	60228.12
租赁和商务服务业	24442.63	26939.03	29996.60	36031.83	45069.23	55327.48
科学研究和技术服务业	714.75	877.21	1173.29	1511.50	1816.62	2000.4
水利、环境和公共设施管理业	40419.01	39896.30	39524.67	41015.12	45126.01	49565.19
居民服务、修理和其他服务业	2449.02	2419.23	2002.64	1988.12	2198.9	2179.55
教育	3822.08	3269.86	2733.44	2889.77	3247.13	3388.74
卫生和社会工作	1588.58	1881.91	2314.15	2727.64	3327.05	3855.67
文化、体育和娱乐业	1003.05	1282.44	1655.60	2054.98	2536.9	3096.35
公共管理、社会保障和社会组织	5297.97	5305.94	6158.49	6876.67	8413.19	10316.4

资料来源：2000~2016年《中国金融年鉴》。

三 我国银行支持产业升级的主要问题

如前所述，银行信贷资金的有效投入是推动我国产业结构调整升级的主要力量，信贷资金的支持方向直接影响资金在各个产业间及各产业内相关行业间的流动，其运行态势决定着产业发展的规模和前景，在很大程度上影响产业结构的调整和升级。但从上文对各产业间信贷资金的配置情况也可以看出，我国银行信贷支持产业结构调整与升级功能并没有得到充分显现，信贷政策与产业政策间没有达成有效结合，缺乏充分互动，从而导致我国的经济发展过程中，银行信贷对成熟产业、垄断产业等投入过多，普遍存在重复投资而出现供给过剩，而对那些在国民经济中起到基础性作用的产业以及具有巨大发展潜力和良好发展前景的战略性新兴产业和民营企业则缺乏有力支持。具体而言，主要存在以下三方面的问题。

（一）银行资金配置功能较弱，经营能力有待加强

随着我国国民经济的快速发展和金融改革的持续推进，目前银行业务仍存在许多与资金配置规划和社会经济发展战略不相符之处。而国内外经济环境的不确定性也给我国银行的资金配置能力和风险管理能力提出了严峻挑战。此外，与发达国家的商业银行相比，我国银行的盈利模式相对单一，大部分利润来源于存贷利差，业务创新能力较差，中间业务发展相对迟缓；再加上利率市场化改革还在进行中，利率水平不能完全真实反映资金供求，不仅一定程度上损害了资金的配置效率，而且也使大量资本金流入股市楼市逐利而造成实体经济的资金支持更为不足，影响了经济的稳定发展和产业结构的优化升级。

（二）信贷结构失衡，无法实现信贷资源的优化配置

信贷结构是指，信贷资金的投放与运用在不同区域、不同产业、不同行业以及不同期限上的配置与配比；信贷结构失衡的长期存在不仅为金融安全埋下隐患，也会损害经济金融的协调发展。我国目前的信贷结构存在以下两方面的严重失衡，使其无法在推动我国产业结构转型升级中实现信贷资源的优化配置。

1.信贷期限结构失调，中长期信贷比重过高，短期信贷比重过少

改革开放初期，应我国社会经济发展需要及信贷市场的需求，各大银行主要提供短期贷款；但随着银行业改革的深入，各大银行为追求利润最大化和股东财富最大化，越来越重视信贷收益的长期性和稳

定性，而不断调整信贷期限结构，减少短期贷款比重，提高中长期贷款比重。自 2005 年开始，我国银行业金融机构的信贷期限结构发生逆转，中长期贷款首次比重超过短期贷款比重，前者所占比重持续走高，2016 年，中长期贷款比重超过了 60%。① 中长期贷款虽然有利于一些基础性产业、重点产业或企业大型项目的投入与发展，为相关产业的产业结构调整起到关键性的积极的支持作用，但也会因为这类贷款的原始期限较长，受宏观调控影响较小而出现信贷"刚性"导致的产业结构"刚性"，阻碍产业结构的进一步调整与优化。另外，中长期贷款因为期限长，交易成本高，银行必然更多倾向于发放大额贷款，并要求企业提供贷款抵押担保，这也造成贷款过度集中于部分大企业，中小企业的、无抵押担保的、小规模的贷款则得不到支持。最后，过高的中长期贷款比重不仅增加了银行的信贷风险，而且一旦出现银行流动性吃紧，银行将不得不全面减少或中断对实体经济的信贷支持，从而损害相关产业的持续发展。

2. 信贷行业结构失调，信贷资金配置存在向个别行业高度集中的倾向

信贷行业结构是信贷资金在各行业间的分布比例，反映了信贷资源在不同行业间分配。一个国家和地区的产业结构调整，往往借助产业政策的指引和产业未来前景的变化来影响银行的信贷行业投向，通过银行压缩劣势产业的信贷规模，保留并增加优势产业的信贷规模来实现；因而，信贷的行业结构往往是产业结构的一个缩影。从表 6-7

---

① 我国的银行业金融机构之所以偏好提供中长期贷款，还因为近年来我国政府持续推行的巨额投资刺激经济计划需要大量配套资金支持。在信贷总规模受到严格监管和控制的情况下，为了满足这类资金需求，银行在放贷时往往倾向于多放中长期贷款，减少短期贷款，甚至宁愿牺牲资产流动性而增放长期贷款。此外，房地产市场中，按揭贷款政策的推行及房价的过度上涨也令多数购房者不得不选择按揭方式贷款购房，这也在很大程度上提高了我国银行发放的中长期贷款的比重。

可见，我国信贷行业分布长期以来就存在较大的不均衡性。

表 6-7 我国信贷资源的行业分布

占贷款总额的比重（%）	2010 年	2011 年	2012 年	2013 年	2014 年	2015 年
农、林、牧、渔业	1.45	1.34	1.29	1.33	1.29	1.17
采矿业	2.42	2.64	2.87	2.74	2.74	2.50
制造业	17.49	18.15	18.15	17.30	16.83	14.83
电力、热力、燃气及水生产和供应业	7.16	6.84	6.23	5.56	5.16	4.87
建筑业	2.74	3.13	3.51	3.57	3.47	3.28
批发和零售业	7.36	8.17	8.76	9.22	9.43	8.77
交通运输、仓储和邮政业	10.23	10.18	10.18	9.95	9.97	9.70
住宿和餐饮业	0.64	0.66	0.75	0.84	0.78	0.71
信息传输、软件和信息技术服务业	0.43	0.36	0.39	0.42	0.38	0.39
金融业	0.20	0.24	0.36	0.42	0.48	3.25
房地产业	7.42	6.8	6.48	6.50	6.45	6.25
租赁和商务服务业	5.40	5.12	4.99	5.17	5.40	5.74
科学研究和技术服务业	0.16	0.17	0.2	0.22	0.22	0.21
水利、环境和公共设施管理业	8.94	7.59	6.57	5.89	5.40	5.14
居民服务、修理和其他服务业	0.54	0.46	0.33	0.29	0.26	0.23
教育	0.85	0.62	0.45	0.4	0.39	0.35
卫生和社会工作	0.35	0.36	0.38	0.39	0.40	0.40
文化、体育和娱乐业	0.22	0.24	0.28	0.29	0.30	0.32
公共管理、社会保障和社会组织	1.17	1.01	1.02	0.99	1.01	1.07

资料来源：2000~2016 年《中国金融年鉴》。

首先，对农业的支持力度不够。农业是国民经济的基础，尤其对于我国而言，农业的良性发展对其他产业的发展具有非常重要的作用。一直以来制约我国农业发展的瓶颈，如农业基础设施建设落后、农产品生产加工的科技含量和附加值较低、农业机械化水平低、农业科技成果推广不畅、农业生产的结构性矛盾突出及农业产业化水平低等问题，都源于缺乏必要资金支持而无法成功突破。在我国金融机构提供的贷款总额中涉农贷款所占比重一直偏低，1988 年前基本维持在 6%~7% 之间，1989~1993 年曾一度提高到 13%~14%，但 1994 年后，农业贷款所占比重下降，最低时只有 2.86%。进入 21 世纪，随着我国对农业基础性地位认识的深入，农业贷款所占比重才开始逐渐上升。另外，我国的农村金融市场结构比较单一，各类商业性金融机构都因不看好农村市场而纷纷撤离，只留下的农村信用社长期以来独力难支，缺乏竞争，又因农业投资回报时间长，收益低而没有足够激励去满足农户不断变化的资金需求。从而导致在我国绝大多数农村地区，农民贷款难，农业生产缺乏必要的技术和资金支持而无法有效推进农业的转型升级。

其次，贷款集中度过高。贷款集中度过高是我国银行业的一个突出问题。从我国信贷市场的发展来看：一方面，过度向制造业、交通运输和水利等国家较为重视的基础性产业，成熟度高、风险低、收益稳定的制造业和被"热点"关注的房地产等行业倾斜，每年投入的信贷资金屡创新高，造成了这些行业严重的重复建设和产能过剩。另一方面，过分偏好大型项目、大型企业，对中小企业支持不够。2015年，我国的大中型企业获得了全国 69.28% 的信贷资源，而小型企业和微型企业仅分别获得 27.53% 和 3.19% 的信贷支持。这虽然符合银行规避风险的经营理念，但信贷资金的过度集中不仅会加剧银行的系统性风险，不利于银行业的稳健经营，而且也会对我国的整体经济发展造成不良影响，阻碍产业结构的顺利转型升级。

（三）信贷效率较低，信贷资金供给能力有限

与发达国家的银行相比，我国银行的风险控制能力仍然较弱，不良资产比例较高，资金流通速度较慢，银行的信贷效率较低。再加上目前我国银行信贷的投放重点仍是基础设施建设行业，这类投资周期长、收益低，这也进一步造成了我国信贷资源的获利能力较低，造成信贷资金在其他领域的供给能力更为有限。

1. 对高新技术产业支持动力不足，新兴产业难以顺利发展

任何产业的发展都需要一定的技术支持，产品的竞争归根结底是核心技术的竞争。尽管我国一直大力倡导和鼓励技术创新，但创新支持力度与发达国家相比，仍有一定差距。近年来，我国迅速提高研发投入，科技创新能力得到不断增强，"十二五"期间科技进步贡献率从 50.9% 增加到 55.1%，但与发达国家的 60% ~ 70% 相比，差距依然存在。与发达国家不同，我国的科技研发费用除政府投入外，剩余部分基本需要从银行贷款获得，但对资金有迫切需求的高新企业，尤其是中小型高新企业，却通常不是银行乐于服务的对象，银行审核贷款首先要考虑信用风险和资金安全，因而更倾向于将资金放贷给具有一定销售市场、发展稳定的企业。从而导致只有处于成熟阶段的高新技术企业获得银行贷款相对容易，而那些正处于萌芽期和初创期的高新技术企业要获得商业银行贷款却非常困难。另外，商业银行为支持国家政策而提供的用于新技术和新产品研发、促进科技成果转化等科技开发贷款，也因同样门槛令处于发展初期的中小型高新企业望而却步。最终只会导致许多高新技术企业缺乏技术创新的资金支持而无法快速实现飞跃，一些具有发展潜力和前景的新兴行业也在银行贷款不

足的限制下无法及时发展壮大。

2. 对传统产业技术改造资金支持不足，传统产业转型升级受阻

我国的传统产业，如轻工、机械、纺织等，虽然基本属于劳动密集型，技术水平较低，经济效益较差，但基于民生、战略等原因，这些传统产业仍有继续发展的必要；需要投入大量资金帮助这些企业完成技术改造和更新设备，以减少对资源和环境造成的巨大压力，提升经济效益以获得更好更快的发展。而目前我国的银行系统无法对这些产业的技术改造提供足够的信贷支持，而使许多规模较大、经济效益良好的老企业不能及时进行设备更新和技术升级而面临倒闭风险，传统产业的转型升级无法顺利进行。

第七章
我国产业升级的银行支持创新

第一节　发达国家先进金融制度的借鉴与启示

他山之石，可以攻玉。作为一个正处在向市场经济体制转轨、深化金融体制改革的发展中国家，要建立与现代市场经济发展相适应的现代金融制度，通过银行支持来有效保障与促进产业结构升级，进而拉动经济的发展，就有必要从发达国家的先进金融制度中进行学习与借鉴，为深化我国社会主义市场经济条件下的银行金融体制改革提供有益的政策性启示。

一　合理和有效地发展多元化银行业运行体系

随着我国资本市场的发展逐步走向成熟和规范，应充分发挥银行信贷枢纽渠道和证券市场方式各自的资金融通功能。可借鉴美、德多元化金融体系模式，在推动商业银行作为金融体系主导形式的同时，规范其他金融机构发展条件，引导合作银行、信托咨询公司、投资公司、保险公司及各类基金等多种形式金融机构的健康和有序发展，并适当提高为某些特殊经济领域提供金融服务的政府专业金融机构的效率，以充分发挥金融业对经济发展的整体和综合金融服务功能。

二 提高中央银行独立性，增强货币政策制定与执行的效果

发达国家的银行金融制度的长期实践带给我们的重要启示之一是保持中央银行的政策独立性与权威性，例如，德国用严格立法形式确保其央行的独立性和调控的有效性，德国中央银行制度成为西方国家中相对较为健全和有效的金融体制已成为共识。结合我国情况看，尽管已经颁布了《中国人民银行法》，中国人民银行作为我国中央银行的地位得到了法律保障，但在货币政策的具体操作过程中，中央银行与政府有关部门（如计划、财政及地方政府等）的关系往往不易理顺。应充分借鉴德国中央银行体制运行的成功之处，配套出台相应法规条例，使中央银行在服务于政府总体经济政策前提下，切实保证其法律所赋予的制定和执行国内外货币政策的独立性，以提高国家金融政策的有效性和宏观调控的效率。

三 科学地构造我国银行金融机构的组织形态和经营制度

不同的发达国家受不同历史、政治与经济客观因素影响，在银行的组织形态及经营制度的安排上做出了许多不同的选择，并随着本国经济与金融环境的变化而进行相应的改革。从中可以得到的重要启示是，形式相异的银行组织和制度既不能简单地做出优劣取舍，也不能视其为一成不变，应根据本国实际情况及国际经验比较来确定适宜的金融业运行模式与制度。就银行经营制度而言，从金融业发展与进步看，德国的综合银行制度在一定程度上具有较为明显的优点，而西方金融业中也出现了专业银行制度向综合化银行制度逐步过渡的发展趋

势。结合我国银行经营制度的发展，可以从德国商业信贷机构多功能的经营手段带来社会货币供给相对集中，从而降低因货币资产分散带来风险的角度，分阶段适当促使我国国有商业银行及其他新建股份制商业银行经营向有调控的综合化方向发展。但是，鉴于目前我国国有独资商业银行的市场经营模式还未真正建立，国有企业没有完全走出困境，以及证券市场和其他金融交易活动的金融监管手段还不完善、金融竞争环境尚不成熟的现状，在一定时期内还须汲取美国银行专业经营的相关制度与运作方法，培育和完善我国银行与非银行金融机构的市场经营机制，为逐步走向调控的综合化银行经营制度创造条件。

四 健全与完善政府对金融业运行的监管

应充分汲取发达国家的先进金融监管的法规框架、机构设置、目标模式及监管手段的成功之处，特别注意借鉴美、德两国行之有效的预防性金融监管机制，使我国政府对各类金融机构及来华外资银行经营活动的全方位监控与管理走向法制化和规范化发展轨道。当前应着重注意对已经显露和不断积聚的商业银行、信用社、投资公司及证券市场的金融风险进行认真评析和有效化解，并采取适当措施对潜在的各类金融风险进行有效预测和主动防范，以充分发挥国家宏观金融监控作用，推进社会主义市场经济条件下银行金融业的稳健发展。

第二节 我国银行支持产业升级的思路

银行通过优化信贷投向，能够促进产业、产品结构调整。在调整信贷投向的过程中，银行要以是否有利于促进产业结构、产品结构的调整与优化，是否有利于提高资金使用效益为前提，积极促进新技术产业和其他优势产业的发展，支持科技含量高、资源消耗少、污染排放低、市场前景好的生产企业，而对资源浪费严重、产品不适应市场需求的企业，在资金供应上应加以严格限制。并根据国家产业政策要求和银行信贷基本原则，对企业进行分类排队、区别对待、合理安排信贷资金投向，提高信贷资金的使用效率。

首先，我国商业银行长期以来出于风险厌恶的考虑，其贷款一般要进行抵押担保，造成了对大型企业的大型项目提供了大量的信贷支持，而对大量缺乏抵押担保品的农户和农业信贷投入的力度较小。我国是一个农业大国，农业是国民经济的基础，实现农业现代化是加快我国农业发展、稳固农业基础地位的需要，必须有大量的资金支持农业现代化的实现。对农业贷款，要从引导种、养业协调发展和提高农业生产水平、生产效益及优化品种结构出发，重点支持、因地制宜开展多样化、特色化、优质化生产以及农产品加工、销售、储运、保鲜等产业化经营，大力扶持科技农业、规模农业、订单农业和优质高效农业。同时还要确保农副产品收购资金，使旺季农副产品的收购得到落实，满足农业生产的合理资金需要。除了要进行产品和服务创新外，还要积极培育并引导居民的金融消费习惯，充分利用改革政策红利。首先，积极培育并引导农村居民从商业银行获得金融支持的习惯。如《中国农村家庭金融发展报告2014》显示，2013年，农村地区未能获得贷款的家庭中，需要资金但未到商业银行申请贷款的比例高达62.7%，只有9.8%的家庭向商业银行提出贷款申请但被拒绝，这说明农村居民还相对缺乏从商业银行获得金融服务的意识，需要商业银行加强宣传，激发、培育和引导农村居民从商业银行获得金融服务的意识。其次，充分关注并利用国家在农村地区的制度改革红利。如紧密跟踪国家农村土地承包经营权抵押的改革导向，积极推动农村土地承包经营权抵押贷款。在这方面，农村土地呈现集中的趋势也为商业银行提供了机遇。如《中国农村家庭金融发展报告 2014》显示，2013年，农村户籍家庭中拥有土地的家庭比例为 66.7%，较 2011 年降低 8个百分点，但户均土地面积增加 0.8 亩，土地呈现集中趋势，有利于商业银行规模化开展土地承包经营权抵押贷款。

其次，在国际市场上，我国一直占据着"制造大国"的地位，但是从"制造大国"向"制造强国"的转变则是一项十分艰巨的任务。未来我国产业结构转型升级中，制造业的升级至关重要，因此，商业银行应运用资金杠杆，调整信贷资金的行业配置，在促进制造业转型升级中优化信贷行业结构。这就要求银行对工业贷款，要注意处理好贷款效益和重点支持对象的关系：在支持经济效益好、产品适销对路企业生产的同时，还应注意支持那些自身效益一般，但属于国家重点发展行业的企业，以提高工业运行水平、生产效益和市场竞争力。同时为避免仅对大中型企业贷款而出现新的失衡，在适当调增贷款规模的条件下，还要增加对中小型企业的贷款投入，支持产品销路好、经营有效益、不与大企业争原料的中小型企业、城镇集体企业、"三资"企业和乡镇企业的合理资金需要，以实现基础性、支柱性领域优势传统工业与高新技术产业的共同优化升级。同时，对国家计划外项目、禁止兴建的非生产性项目、违背国家行业计划盲目布点的项目、国家限制发展的高耗能项目、与大工厂争原料的重复建设项目以及建设条件不具备、没有偿还贷款能力的项目则不予贷款，以实现贷款结构优化与产业结构调整升级。

在信贷支持上，还要坚持重点支持对产业升级有推动作用的大项目，引导企业走集约型的发展道路。加大对节能环保产业、信息技术产业、生物产业、高端装备制造业、新能源产业、新材料产业和新能源汽车这七大战略性新兴产业的支持，对这其中拥有自主技术产权、填补国内外空白的大项目，给予项目贷款和配套流动资金贷款以及其他有针对性的金融产品等综合信贷服务。例如，积极推进贷款证券化。同传统行业相比，新兴行业最大的特点就是无形资产的比重大，由于知识含量和技术含量高，创新成果、专有技术、商标等构成了新兴行业宝贵的资源。并且新兴行业由于出现的时间短，经营管理、商业模式和产品未成熟，因此从某种意义上来说风险也更大。因此在商业银行信贷行业结构优化的过程中，为了尽量降低信贷风险，提高自身流动性，可以将贷款证券化。将新兴行业的贷款打包，做成证券产品，出售给其他机构投资者，收回的资金可以作为商业银行新的资金来源再用于其他贷款的发放。这样，商业银行贷款的流动性增强，银行不再受限于资产的总量而具有持续的信贷配置能力，从而提升商业银行支持产业结构调整的能力。对于发展较为成熟、科技成果已经转化为生产力且拥有知识产权、具备商业营运条件的高科技企业，开发诸如以无形资产作为质押的新型金融产品，对企业拥有的专利、专有技术、商标、品牌等无形资产设立质押，突破高新技术企业有形资产少、有效抵押不足的困境，为企业提升技术含量提供信贷资金的支持。

创新贷款供应链融资。供应链融资是以核心企业为基础，将供应商、制造商、分销商、零售商和最终用户整合成一条供应链，同时提供灵活多样的综合解决的新型融资模式。它最大特点是银行在供应链中找出核心企业，并以其为中心，对供应链提供金融支持，最终将所有客户连成一个整体。其优势是突破传统的企业融资，将信贷对象扩展到企业的供应链，无须另行提供抵押质押担保，克服中小企业银行融资中有效抵押物少的障碍。供应链融资以大型优质企业为核心，以真实的贸易关系为基础，选择资质良好、有稳定销售渠道和回款资金来源的上下游企业作为商业银行的融资对象。主要模式可以分为应付款融资、应收账款融资和存货融资。应付款融资是指在以货到付款或赊销为结算方式的国内商品或服务交易中，对于买方的合格应付账款（不含预付账款），商业银行在应付账款日为买方提供短期资金融通，并用以直接向卖方支付。应收账款融资是指以未到期的应收账款向金融机构办理融资的行为。基于供应链金融的应收账款融资，一般是指为处于供应链上游的债权企业融资。债务企业起反担保的作用，一旦融资企业出现问题，债务企业将承担连带责任，进一步转移和降低商业银行的风险。具体的产品主要有保理，买方将应收账款转让给保理商，保理商为卖方提供贸易融资、销售分户账管理、应收账款催收及信用风险控制与坏账担保等服务。存货融资主要是利用贸易企业拥有大量存货等流动资产的特点，将存货作为担保物向商业银行融通资金，若是企业违约，银行可就存货出售所得款项得到优先清偿。主要产品有仓单抵押融资，目前又演化出新的融资方式——物流融资，由有实力的第三方物流企业来承担存货监管的主要责任的同时有部分的融资功能，银行直接授信给第三方物流企业。该方式凭借真实的交易背景，既能方便银行监管，又能满足企业的融资需要，目前在国外已广泛应用。

对机械、纺织、石化等传统产业的技术改造和提升产业层次的工程项目给予积极支持，通过银团贷款或联合贷款的方式，支持企业与跨国企业和研发机构的合资合作，增强自主研发能力。对于高新技术企业，应根据其发展阶段和特点，采取不同的信贷配置方式，有针对性地投入信贷资金。在高新技术企业的初创期，其资金来源主要是依靠产业基金、风险投资基金、政策性银行贷款以及民间资本，商业银行可选择性地介入，通过委托贷款的方式给予支持。对于发展较为成熟、科技成果已经转化为生产力且拥有知识产权、具备商业营运条件的企业，开发新型金融产品，如以无形资产质押的金融产品，对企业拥有的专利、专有技术、商标、品牌等无形资产设立质押，突破高新技术企业有形资产少、有效抵押不足的困境，为企业提升技术含量提供信贷资金的支持。

再次，第三产业是为生产和社会公共需要服务的领域，是为提高科学文化水平和居民素质服务的领域。发展第三产业有利于繁荣经济，扩大就业，满足人民对高质量生活的需求。对第三产业贷款，应突出支持各类现代服务行业，优化服务手段，提高服务水平，同时大力拓展消费信贷业务，推动社会生活水平不断提高。因此银行信贷要重点支持现代服务业，包括银行、保险、会计、法律等现代服务业和网络、传媒等信息服务业的研发和基础设施的配套建设，以提高行业竞争力，加快第三产业的发展，使之更好地为工农业生产和人民生活服务。同时，第三产业要进一步发展，还应根据资源禀赋和比较优势，针对不同的消费需求拓展消费信贷，以启动巨大的社会需求，推动第三产业的发展。针对现代服务业的这些特点，商业银行应积极探索信贷业务发展的不同模式，推出适合各类现代服务业客户特点的金融产品，满足优质现代服务业客户的资金需求。由于服务业可以细分为生产性和消费性服务业，商业银行也应该区分这两种类型拓展信贷市场。对于生产性服务业中最有代表性的现代物流业，应重点支持以开发区或以港口、中心城市等交通枢纽为依托的，为制造业生产加工服务的，具有先进经营理念、掌握现代物流技术的大型现代物流集团和物流中心的建设。对这些物流企业的在建项目给予项目贷款的支持，对建成营运的物流企业，将金融服务和物流服务相结合，推出商品融资等物流金融模式，满足物流企业及其上下游企业和客户对综合化的金融产品的需求。在消费性现代服务业中，针对有形资产少的现代服务业，应改变传统的有形资产抵押模式，在风险评价方式上重视企业自身的管理能力、经营业绩、专业团队甚至核心人物的情况，把对风险的评价落实到企业真正的核心资产，创新担保方式，控制贷款风险。

最后，随着我国社会主义市场经济的不断发展，小微企业大量涌现，至 2017 年 7 月底我国小微企业已经超过 7300 万家，其中包括 5000 多万家工商个体户，每个小型企业能带动 8 人就业，一户个体工商户能带动 2～8 人就业。它们分布在国民经济的各个行业，创造了 60% 的国内生产总值、50% 的税收、80% 的就业岗位和完成 70% 以上的发明专利。"新形势下促进小型微型企业健康发展具有重大战略意义。"工业和信息化部部长苗圩表示，小型微型企业约占企业总量的 97.3%，是我国实体经济的重要基础，在促进经济增长、增加就业、科技创新和社会和谐稳定等方面具有不可替代的作用。[①] 党中央、国务院高度重视促进小微企业的发展，近年来制定了一系列相关政策措施。但是由于小微企业规模小、产品单一、经营分散等原因一直受困于融资难，小微企业从银行获得的贷款在全部贷款中的比例仅 20% 多一点。银行业金融机构应该充分认识到小微企业的重要性，改变对中小微企业认识不足及态度，多策并举，多管齐下，不断提高小微企业的金融服务水平，从根本上缓解小微企业融资难的难题，全力支持小微企业良性发展。具体而言：一是构建专业的服务体系。从战略上讲，银行资金应优先投放国家政策支持鼓励的领域，率先满足那些符合国家产业政策、有利于扩大就业、可持续发展的小微企业的合理融资需求。国家在政策上鼓励支持中小企业在科技研发、工业设计、技术咨

---

① 《我国小微企业成为经济社会发展的重要力量》，http://www.sina.com.cn，2012 年 05 月 28 日 19：51，新华网。

询、信息服务、现代物流等生产性服务业领域发展，积极促进中小企业在软件开发、服务外包、网络动漫、广告创意、电子商务等新兴领域拓展。因此，这些行业应为银行重点关注的领域，并针对不同的行业特色形成差异化的服务体系。二是打造适合小微企业的特色产品。传统的小微企业融资担保方式以小动产抵押为主，辅以少的存单等金融资产质押方式。但是，小微企业普遍存在轻资产、实力弱的情况，随着市场的不断拓展，银行在担保方式上必须进行大胆的改进和创新。一方而，扩大抵押物的范围，可抵押物的范围逐渐涵盖住宅、商用房产、厂房、机器设备等几乎全部的固定资产。另一方而，持续开发采用其他担保方式的产品，如知识产权质押、供应链融资、商户联保、担保公司担保、小额信用等。三是创新模式，提高服务水平。小微企业的自身特点决定了银行应适时成立专业化的特色金融服务机构，专职运作中小企业的融资业务。按照"信贷工厂"的模式运作，明确划分市场营销、业务操作、信贷审批等条块，在受理、调查、审查、审批等各环节开辟绿色通道，简化业务流程，缩短放款时间。这样优势是很明显的，首先这一模式优化整合了银行资源，创新了管理方式，构建起高专业化程度的信贷业务机制，形成规模效应。其次，该模式便捷高效，明确了各环节的流程后，有利于提高流程的规范性和精确性，对每个环节涉及的操作人员，考核其工作职责、绩效评价的标准更加清晰明确。再次，模式有利于银行的系统营销和客户筛选，根据不同行业的融资需求，设计个性化的信贷产品，做到服务更专业、产品更全面。最后，正是这种模式，有助于银行在小微企业信贷积累丰富的经验，反过来对于银行防范信贷风险，提供了更加有力的支持。四是全方位服务，与小微企业共成长。银行在向小微企业提供融资支持的同时，也应整合内外部资源，向小微企业提供更多的服务。在资金结算方而，小微企业的现金管理意识在逐步加强，强大的网银可满足小微企业的结算需要；在经济咨询方面，银行可凭借自身天然的优势，成为政策宣传的喉舌，向小微企业提供各类优惠政策和扶植政策的咨询服务，同时在宏观经济层面，关注各行业动向，帮助小微企业防范系统性风险；在财税方面，银行也应针对小微企业的特点，帮助企业逐步建立健全适合自身的财务制度，真正做到服务小微企业，与小微企业共成长。

第三节　创新我国银行支持产业升级的对策

通过以上的分析可知银行作为我国金融体系的主体，将长期在我国产业结构升级调整中发挥重要作用，所以为了更好地促进产业结构的升级调整，商业银行必须深化改革，适应产业结构升级调整的需要。

一　微观上，进一步完善与加强商业银行的自身建设以适应我国未来经济发展与产业升级的需要

首先，商业银行要尽快建立现代金融企业制度，真正以营利性、安全性和风险性作为经营原则。按照国家的产业发展政策，审慎选择贷款项目，不断优化贷款投向，确保信贷资金准确地向国家急需发展的行业和部门投入。当然商业银行同时也要按照营利性的原则精选优质企业，通过培养和支持优质企业来带动国家产业结构的升级调整。银行还要建立全面系统的内部控制制度，加快经营业务创新，完善信贷资金流动的机制，不断提高经营水平，增强支持产业结构调整的主动权。

其次，商业银行要做好产业发展研究，根据国家的产业发展计划

和中央银行制定的信贷政策，制定好信贷支持措施。这就需要商业银行研究行业发展规律，支持新兴产业和朝阳产业的发展；研究市场供求状况，支持有潜在和实际市场需求的产品发展；研究企业的经营管理，建立企业信贷信用级别，对信用等级高的、经营管理好的企业给予支持；研究国内外生产技术的发展现状和趋势，提高贷款项目的技术水平，推动产业结构的高级化。

再次，调整银行的存贷款结构，加强风险投资体系建设。中长期贷款规模的提高对产业结构调整有非常积极的促进作用，因而要调整银行中介的存贷款结构，鼓励中长期贷款，提高投资回报率，加大对高新技术产业和新兴产业的贷款比例和贷款时间。资金对产业来说就像水对鱼一样，没有资金的产业是不可能有发展的。资金的流向是产业结构调整的直接推动力，银行在产业结构调整的过程中发挥着不可替代的作用，由于扩大银行中介的规模对产业结构调整有微弱的副作用，而且盲目地扩大银行中介对银行体系本身也不是一件好事，银行需要建立完善的金融制度。银行贷款给从事技术创新的高新技术产业和新兴产业是有风险的，但是风险与收益是成正比的，所以银行为了在提高投资回报率的同时，需要充分地考虑到风险的存在需要，在考虑风险存在的前提下，银行采取分散投资决策。所以，银行可以在风险分散的前提下，提高对高新技术产业和新兴产业的中长期贷款比例。

最后，提高信贷资产的质量，通过盘活存量资金，加速产业资金的流转。这主要是针对商业银行不良资产问题，银行要主动参与企业的改制，落实银行债权，防止信贷资金流失；加大清收不良贷款和欠息的力度，回收资金支持优势产业的发展；加强贷款的事前、事中和事后的监督和管理，保证银行信贷资金的安全，这样商业银行才有足够的力量支持产业结构的升级调整。

二 宏观上，建立和健全金融系统，有效支持农业企业与小微企业的发展

首先，要进一步深化金融体制改革，充分发挥资金导向机制，提高金融资源配置的效率，在调整产业结构的同时，也要为金融机构营造一个良好、有序的发展环境，以法律为保障，加强对金融市场的监督管理和宏观调控，积极引导和规范金融市场主体的行为，通过优化金融环境，引导资金流向，促进金融企业提升质量，实现金融与经济的良性互动与协调发展。

其次，加大对农业的支持力度，积极发展农村信用社。近年来，我国的各大型商业银行基于运行成本的考虑，大量减少县级支行的分布，调整发展战略，同时在县级经济中贷款规模也相应减少。农村信用社已成为县域经济中的主要金融机构，中国目前还是一个农业大国，在现有资金量投入农业有限的情况下，积极发展农村信用社，促进金融的支持效率具有非常重大的意义。农村信用社具有面广、点多和贴近农民的优点，已成为联系农民的纽带和我国农村金融的主力军，通过农村金融机构提高对农村和农业的资金投入，是增加农民收入，促进农村经济发展和农村产业结构调整的重要方法。同时，农村信用社随着国有银行县级网点的收缩，其在实现我国农业发展和农村经济发展中，将发挥不可替代的作用；农村信用社在保证一定比例的农业贷款的基础之上，引导农民开展农村的市场交易，参与农业生产的活动，从而推动农业结构升级，进而增加农村信用社储蓄存款，提高农民收入，实现产业和金融共同发展的目的。

最后，积极发展民营中小银行来促进中小企业的发展。因为我国目前经济中存在大量大型商业银行不愿涉足的中小企业，而这些中小

企业很大一部分属于农业、第三产业等劳动密集型产业。根据我国现阶段的资源禀赋结构所决定的比较优势看，劳动密集型的中小企业是具有发展潜力和活力的产业组织形态，也是具有相对比较优势的产业和部门。这些产业和行业较适合的融资方式是利用银行进行间接融资，所以要通过积极发展民营中小银行弥补中小企业融资的不足。这样做不仅可以打破大型商业银行垄断市场的格局，加大商业银行之间的良性竞争，提高银行的服务质量，而且通过民营中小银行对中小企业的支持，加速我国农业和第三产业的发展，实现产业结构的升级调整，有利于产业间的和谐发展。在此列举浙江民营银行服务小微企业发展的经验，颇有启示。

浙江民营银行根植于区域经济，定位小微企业、专业市场、个体工商户和"三农"，摒弃传统银行经营思维定式，通过独特的微贷技术、灵活的风险机制和贴心的服务方式，起到了为小微企业融资"减负"、为小微企业转型升级"输氧供血"的作用。其经验可复制，推而广之。

一是"三品三表"破解信息不对称难题。面对小微企业客户财务制度不健全、财务报表严重缺失的难题，泰隆银行摒弃传统的看财务报表、税务税单等材料的做法，创新性地提出看客户"三品三表"的做法，很好地克服了信息不对称的难题。"三品"的第一品是企业主的人品；第二品是产品；第三品则是企业主拥有的物品。"三表"的第一表是企业的电表，每个月泰隆都会到企业抄电表，看用电量的增减情况，判断客户的真实生产情况；第二表是企业的水表，针对纺织、印染类企业，泰隆重点关注的还有水表，作为判断企业的实际生产量的有效依据；第三表是报关单表，通过关注企业的报关单表，进一步锁定客户真实经营情况。台州银行和民泰银行独特的信息采集也巧妙破解信息不对称难题。台州银行的做法是"下户调查，眼见为实，自编报表，交叉检查"，再结合"三看三不看"的风险识别技术，即不看报表看原始、不看抵押看技能、不看公司治理看家庭治理，使小微企业贷款既能放也敢放。民泰银行则是通过"看品行，算实账，同商量"的方法，巧妙获取小微企业信息。即注重第一还款来源，重视对小微企业客户社会化"软信息"和数据化"硬信息"的收集和分析，以打造小企业之家为企业核心价值诉求，形成"看品行、算实账、同商量"为基础的信用风险防控方法。

二是保证贷款+信用贷款，免除小微企业有效抵押物不足的烦恼。长期以来，国有大中型商业银行为了防范风险，往往将有实物形式的抵押财产、担保品作为发放贷款的必要条件，然而这些条件小微企业一般难以满足。面对此情，浙商银行针对农户"三权"抵押难问题创新开发了突破抵质押方式的"桥隧模式""联保贷款""村民保证贷"和"一日贷""三年贷""全额贷""便利贷""商位通"等适合小微企业需求的特色产品，并积极试点推广微贷业务。形成个人经营类贷款、微型企业贷款、小型企业贷款三大类30多个产品，担保方式涵盖抵押、质押、保证、信用，有效满足了小微企业客户多元化的授信需求。以"一日贷"产品为例，浙商银行通过创新设计标准化操作流程，实现了"当天受理、当天审批、当天放款"的高效率服务，有效满足了小企业"短、频、急"的资金需求，一经推出深受小微企业的欢迎。目前该产品系列项下已拥有"房屋抵押一日贷""市场摊位一日贷""担保公司一日贷""村民担保一日贷""市场经营户担保一日贷"等多个子产品。同时，浙商银行的小微业务还尝试着向广度和深度方向拓展。广度上，加快由"散客式营销"向"批量营销"推进，2014年，全行已开展批量营销项目82个，涵盖市场、工业园、商会等众多小微企业集聚的领域；推出"小企业贷款·e 申请"网上受理平台和小企业专用网上银行，更加方便小微企业申请贷款。深度上，2013 年 5 月开始试点微贷业务，当年微贷业务余额近 2 亿元，户均余额 30 万元，业务重心进一步下沉，如今，微贷业务已经在杭州、宁波等地初见成效。而对于小微企业贷款的风险问题，浙商银行还设置了更高的小企业不良贷款率容忍度，对小企业专营人员实行差别化的问责、免责办法。这些倾斜政策极大地激励了专营机构员工踏实、专注从事小微企业业务。稠州商业银行更是创新推出小微贷款产品"融易卡"，贷款免担保，额度循环用。商户无须任何抵押和担保即可申请贷款，手续简单方便，利率低；最高可给予申请人 50 万元贷款额度，一次授信，可 5 年循环使用，最快 1 天可批复授信，快速灵活。同样，台州银行推出自助贷款，互助担保基金，绿色节能贷款，应收账款抵押质押贷款等业务，90% 为信用保证类贷款。民泰银行坚持多元化担保，大力推行以保证担保为主、其他担保为辅的灵活多样贷款担保方式，信用保证类贷款占贷款总额 90% 以上。

三是"裸费"服务，切实让利小微客户。小微企业"融资贵"，贵在利息以外的附加费用上，不合理的收费使得小微企业融资成本雪上加霜。针对小微企业"融资贵"，泰隆银行坚持"三个低成本"，事前低成本获取信息，事中低成本监控管理，事后低成本违约惩罚。坚持惠企减负，基本实现"裸费"服务，切实让利小微客户。泰隆银行针对小微企业客户的特点，积极探索了具有针对性的金融服务。其一，通过参考历史数据和综合考虑筹资成本、管理成本、目标收益、资本回报等因素，科学测算小企业贷款保本利率。其二，结合客户贷款用途、对资金价格的承受力及存款数等，将利率水平细化设置为 60 多个档次，基本实现了"一户一价、一期一价、一笔一价"，实现了利率浮动幅度内的市场化。台州银行的做法是，坚持必须收费的合规收费，同时率先提出"免费银行"，能免则免，大大减轻了小微企业客户的财务负担。不断探索产业链金融服务，为小客户提供理财产品、贸易融资等相关的套餐是优惠。民泰银行做法是：全行免费服务项目35项；同时制定《合规风险提示》《告客户书》，在与客户初次见面时已交予客户，要求客户监督，保障客户"零公关成本"，消除小微企业融资的隐性费用。

四是产品创新，迎合小微企业需求。因为小微企业的融资需求具有"短、小、频、急"的特点，其小额、短期、分散的特征更类似于零售贷款，它们对资金流动性的要求更高。为了破解小微企业融资难的问题，台州银行早在2006年就与世界银行、国家开发银行合作，引进欧洲先进的小额信贷技术，推出以小微企业、个体工商户、家庭作坊及农户为主要服务对象的特色贷款产品——"小本贷款"，无须抵押、手续简便、利率灵活，几乎不设客户贷款门槛。8年来，台州银行"小本贷款"已累计发放551.55亿元，获得资金支持的小微客户已达42万户。泰隆银行的做法：其一，担保方式创新，重点推出"信融通"信用贷款、"义容通"道义担保贷款，"定融通"存单质押贷款和"押满融"抵押组合贷款。其二，担保方式创新，推出"立等货"和"网链货"自助循环贷款等信贷产品。布局消费金融；重点推出"泰隆·易卡'""微时贷"等城市工薪阶层消费信贷产品；研发涉农贷款产品，支持农村经济发展。其三，还款方式创新，重点推出"接力贷"循环贷款、"整贷零还"分期还款以及"SG泰融易"中期贷款。其四，贷款渠道创新，将传统信贷产品与电子银行相结合，推出"融e贷"循环贷款。特别值得一提的是民泰银行推出的"民泰随意行"产品，这是全国首个金融IC卡手机信贷系统。客户只要在手机信号覆盖范围内，即可通过手机使用"民泰随意行"实现 7×24 小时随时随地在授信额度内的自助借款还款，不受时间和空间的局限。"民泰随意行"为"三农"和小微企业用户带来了极大的融资便利，有效填补了金融服务网点空白。稠州银行的"融易卡"，以小微信贷贷款为核心，在解决个体工商户生意经营中"短、小、频、急"信贷资金需求基础上提供全面金融服务，其特点是手续简单方便、利率低；最高可给予申请人 50 万元贷款额度，一次授信，可 5 年循环使用，最快一天可批复授信，快速灵活，客户可享受更便捷更省息的服务；贷款按日计息，贷款随借随还。可在柜面、网银、手机银行等多种渠道上轻松取得贷款，归还贷款。授信额度内，随支随用，贷款用一天付一天利息，不用不付息，充分为客户精打细算；天天攒积分，利率小优惠。活期存款，自动理财，天天利滚利，同时存款有积分，贷款利率根据客户积分，即产品使用率等给予优惠下调，十分实惠；转账取款，费用全免。该卡网上银行，手机银行汇款，转账免收手续费，全球 ATM 机取款免费，对于那些结算流水大的商户，可以省下不少钱，最大程度帮助经营户降低财务支出，开源节流。

参考文献

Guzman, Mark G., *The Economic Impact of Bank Structure*: *A Review of Recent Literature. Economic and Financial Review*, Second Quarter, pp. 11-25, 2000b.

Kathy Czyrnik, Linda Schmid Klein, *Who Benefits from Deregulating the Separation of Banking Activities? Differential Effects on Commercial Bank*, *Investment Bank*, *and Thrift Stock Returns*, Financial Review, 2004 (39), pp. 317-341.

King, Robert G. andLevin, Ross, 1993, "Financial and Growth: Sehumpeter Might be Right", *Quarterly Journal of Economics*, 108, pp. 717-738.

Petersen, M. A. & Rajan, R. G., 1995, The Effects of Credit Market Competition on firm-creditor Relationships, *Quarterly Journal of Economics*, 110 (2), pp. 407-443.

Poensgen Otto H. Between Market and Hierarchy, *The Role of Interlocking Directorates. Magazine for the Entire Governance Studies*, 1980, p. 136.

Prahalad Hamel, *The Core Competence of the Corporation*, Harvard

Business Review，1990.

Rajan，R. G. and Luigi Zingales，*What do we know about capital structure? Some evidence from international data*，Journal of Finance，1995，50，pp. 1421–1460.

白钦先、耿立新：《日本近 150 年来政策性金融的发展演变与特征》，《日本研究》2005 年第 3 期。

〔美〕波特：《竞争优势》，陈小悦译，华夏出版社，2005。

曾刚、文嫟：《全球价值链视角下的瓷砖地方产业集群发展研究》，《经济地理》2005 年第 4 期。

陈建：《我国储蓄–投资转化率及其区域差异实证研究》，华侨大学，2013。

陈敏、杜勇、李小庆：《黑龙江省金融发展与经济增长关系的实证分析》，《哈尔滨商业大学学报》（自然科学版）2006 年第 2 期。

陈晓涛：《产业链技术融合对产业生态化的影响》，《科技进步与对策》2007 年第 3 期。

成思危：《中国商业银行的发展历程》，http：//blog. csdn. net/skyboy11yk/article/details/9293917。

崔晓峰、王颖捷：《我国产业结构调整与信贷政策》，《南方金融》2001 年第 8 期。

邓兰松、边绪宝：《德国全能银行的发展、变革与启示》，《济南金融》2004 年第 5 期。

邓艳梅：《产融结合模式的国际比较分析与借鉴——从金融支持主导产业发展角度的研究》，硕士学位论文，浙江大学，2002。

董肖丹：《外资银行进入对我国银行业绩效的影响研究》，硕士学位论文，北京交通大学，2016。

范小雷:《发达国家发展战略产业的金融支持路径研究》,硕士学位论文,武汉理工大学,2007。

傅进:《江苏产业结构优化与升级的金融对策研究》,《金融纵横》2004年第3期。

傅进、吴小平:《金融影响产业结构调整的机理分析》,《经济与金融》2005年第2期。

〔美〕戈德史密斯:《金融结构与金融发展》,周朔等译,上海三联书店、上海人民出版社,1994。

龚勤林:《论产业链构建与城乡统筹发展》,《经济学家》2004年第3期。

顾强:《促进我国地方产业集群在全球价值链中加速升级》,《宏观经济研究》2007年第4期。

郭克莎:《我国产业结构变动趋势及政策研究》,《管理世界》1999年第5期。

郭明、钱筝筝、黄顺绪:《我国银行信贷对三次产业增长贡献度的差异研究》,《产业经济研究》2009年第1期。

韩慧敏:《产业结构调整中的金融支持》,中共中央党校,2006。

韩廷春:《金融发展与经济增长的内生机制》,《产业经济评论》2002年第1期。

〔美〕赫希曼:《经济发展战略》,经济科学出版社,1991。

胡亮:《金融深化与区域经济发展》,博士学位论文,吉林大学,2006。

胡少华:《“雨润特色”:低成本扩张、产业链整合与全程质量控制》,《现代经济探讨》2002年第11期。

黄茂兴:《技术选择产业结构升级与经济增长》,《经济研究》

2009 年第 7 期。

黄培红：《经济转型金融支持问题研究——大同个案》，《华北金融》2008 年第 9 期。

黄茜：《经济结构调整与银行信贷操作取向》，《湖湘论坛》2003 年第 5 期。

简新华、杨艳琳：《产业经济学》，武汉大学出版社，2002。

江青虎：《集群企业竞争优势构建的集体学习机制研究》，博士学位论文，浙江大学，2007。

江曙霞、黄君慈：《银行信贷对经济结构影响的一般均衡效应分析：厦门案例》，《统计研究》2007 年第 5 期。

江小涓：《产业结构优化升级_ 新阶段和新任务》，《财贸经济》2005 年第 4 期。

蒋国俊、蒋明新：《产业链理论及其稳定机制研究》，《重庆大学学报》2004 年第 1 期。

蒋逸民：《关于农业产业链管理若干问题的思考》，《安徽农业科学》2008 年第 22 期。

蒋昭侠：《我国产业结构的分析及合理化调整思路》，《中州学刊》2004 年第 5 期。

〔英〕科林·克拉克：《经济进步的条件》，华夏出版社 1978 年版。

蓝庆新：《全球价值链下的电子信息产业集群升级研究》，《经济前沿》2005 年第 9 期。

黎继子、刘春玲、蔡根女：《全球价值链与中国地方产业集群的供应链式整合——以苏浙粤纺织服装产业集群为例》，《中国工业经济》2005 年第 2 期。

李天栋、尹於舜：《金融市场制度创新：美国新经济的一种解说》,《世界经济文汇》2001 年第 2 期。

李文秀:《全球化视角下产业集群的治理与升级》,《武汉大学学报》(哲学社会科学版) 2006 年第 3 期。

李心芹、李仕明:《产业链结构类型研究》,《电子科技大学学报》(社科版) 2004 年第 4 期。

李哲、郭金来:《美国风险投资基本经验与启示》,《中国市场》2015 年第 48 期。

林毅夫、姜烨:《经济结构、银行业结构与经济发展——基于分省面板数据的实证分析》,《金融研究》2006 年第 1 期。

林毅夫、李永军:《中小金融机构发展与中小企业融资》,《经济研究》2001 年第 1 期。

林毅夫、章奇、刘明兴:《金融结构与经济增长:以制造业为例》,《世界经济》2003 年第 1 期。

刘刚:《基于产业链的知识与创新结构研究》,《商业经济与管理》2005 年第 11 期。

刘贵富:《产业链基本理论研究》,博士学位论文,吉林大学,2006。

刘梅生:《我国金融发展规模、效率与产业结构关系的实证研究》,《广西社会科学》2009 年第 7 期。

刘平:《我国商业银行信贷对产业结构影响实证研究》,硕士学位论文,湖南科技大学,2013。

刘仁伍:《区域金融结构和金融发展理论与实证研究》,博士学位论文,中国社会科学院,2000。

刘伟、李绍荣:《产业结构与经济增长》,《中国工业经济》2002 年第 5 期。

刘志彪、安同良：《中国产业结构演变与经济增长》，《南京社会科学》2002 年第 1 期。

〔美〕罗纳德·麦金农：《经济发展中的货币与资本》，卢骢译，上海三联书店、上海人民出版社，1997。

〔美〕罗斯托：《经济成长的阶段》，国际关系研究所编译室译，商务印书馆，1962。

马瑞永：《中国区域金融发展与经济增长关系的实证分析》，《金融教学与研究》2006 年第 2 期。

茅胜利、何有世、谭中明：《信贷政策对江苏产业结构优化问题的探讨》，《华东经济管理》2000 年第 6 期。

梅丽霞：《基于全球价值链视角的制造业集群升级研究》，硕士学位论文，北京大学，2005。

潘利：《链网互动理论：产业集群升级的新视角》，《华东经济管理》2007 年第 7 期。

彭欢：《中国银行业市场结构研究》，博士学位论文，西南财经大学，2010。

綦鲁明、张亮：《美英日高新技术产业投融资模式比较及其对我国的启示》，《经济管理》2009 年第 7 期。

钱方明、孙克、汤钟尧：《区域金融发展与经济发展关系实证研究——以浙江为例》，《上海金融》2008 年第 6 期。

秦波、陈治中：《史上最全纳斯达克市场数据分析（兼与创业板对比）》，http://www.360doc.com/content/15/0810/19/17132703_490805818.shtml。

〔日〕青木昌彦：《硅谷模式的信息与治理结构》，《经济社会体制比较》2000 年第 1 期。

冉茂盛、张宗益：《转型经济与金融发展》，重庆大学出版社，2004。

冉庆国、黄清：《产业集群的衰退原因及其升级研究》，《商业研究》2007 年第 3 期。

荣凤娥：《信贷政策对产业结构的调整》，《金融与经济》1999 年第 11 期。

芮明杰、刘明宇：《产业链理论整合述评》，《产业经济研究》2006 年第 3 期。

芮明杰：《论产业链整合》，复旦大学出版社，2006。

史永东、武志、甄红线：《我国金融发展与经济增长关系的实证分析》，《预测》2003 年第 4 期。

孙芳、黄建红：《日本政策性金融研究及对中国的借鉴》，《福建金融管理干部学院学报》2002 年第 3 期。

孙籍：《浅析战后日本的金融政策工具》，《现代日本经济》1994 年第 5 期。

谈儒勇：《金融发展理论在 90 年代的发展》，《中国人民大学学报》2000 年第 2 期。

谭顺福：《中国产业结构的现状及其调整》，《管理世界》2007 年第 6 期。

涂正革、肖耿：《中国的工业生产力革命——用随机前沿生产模型对中国大中型工业企业全要素生产率增长的分解及分析》，《经济研究》2005 年第 3 期。

汪浩、沈文星：《产业结构与经济增长关系的实证检验》，《统计与决策》2010 年第 24 期。

王广谦：《经济发展中金融的贡献与效率》，博士学位论文，中国人民大学，1997。

王核成、姜秀勇：《本地网络、外部知识联系及浙江传统产业集群升级探讨》，《经济论坛》2007年第2期。

王缉慈：《关于发展创新型产业集群的政策建议》，《经济地理》2004年第4期。

王立军：《嵌入全球价值链：全球化时代的地方产业集群升级策略》，《特区经济》2004年第10期。

王帅力、单泪源：《我国制造业自主创新体系模式分析——以深圳企业为例》，《湖南科技学院学报》2006年第6期。

王益民、宋琰纹：《全球生产网络效应、集群封闭性及其"升级悖论"——基于大陆台商笔记本电脑产业集群的分析》，《中国工业经济》2007年第4期。

〔英〕威廉·配第：《政治算术》，马妍译，中国社会科学出版社，2010。

吴金明、邵昶：《产业链形成机制研究——"4+4+4+4"模型》，《中国工业经济》2006年第4期。

吴琼：《产业结构转型升级与商业银行信贷行业结构调整研究》，硕士学位论文，浙江大学，2013。

吴振球：《规制重构中自然垄断性行业经济效率的分析——基于国家铁路运输业等三个行业的研究》，《宏观经济研究》2009年第10期。

伍海华、张旭：《经济增长·产业结构·金融发展》，《经济理论与经济管理》2001年第5期。

〔日〕小宫隆太郎：《日本的产业政策》，国际文化出版公司，1988。

〔日〕筱原三代平:《产业结构论》,中国人民大学出版社,1990。

谢太峰、王子博:《北京区域金融发展与区域经济增长关系的实证分析》,《金融理论与实践》2008年第9期。

〔英〕亚当·斯密:《国富论》,章莉译,译林出版社,2012。

杨公朴、夏大慰:《现代产业经济学》,上海财经济大学出版社,2002。

杨文捷:《市场竞争结构与银行稳健》,《决策借鉴》2000年第6期。

杨小玲:《中国金融发展的产业结构优化效应研究》,《区域金融研究》2009年第7期。

姚齐源、宋伍生:《有计划商品经济的实现模式——区域市场》,《天府新论》1985年第3期。

殷德生、肖顺喜:《体制转轨中的区域金融研究》,学林出版社,2000。

余丰慧:《七大垄断行业占全国工资福利50%》,《世纪经济报道》2010年11月29日。

余心一:《论产业结构调整的信贷操作选择》,《上海金融》1989年第10期。

袁云峰、曹旭华:《金融发展与经济增长效率的关系实证研究》,《统计研究》2007年第5期。

詹霞:《基于全球价值链视角的地方产业集群升级对策》,《企业经济》2007年第8期。

张兵、胡俊伟:《区域金融发展与经济增长关系的实证研究》,《南京农业大学学报》(社会科学版)2003年第2期。

张辉:《全球价值链理论与我国产业发展研究》,《中国工业经济》

2004 年 5 月。

张杰、刘东:《我国地方产业集群的升级路径:基于组织分工架构的一个初步分析》,《中国工业经济》2006 年第 5 期。

张景华:《创新网络视角下的产业集群升级》,《工业技术经济》2009 年第 3 期。

张蕾蕾、薛洪言:《信贷结构变动对产业结构变动的作用机制分析》,《上海金融》2009 年第 12 期。

张路阳、石正方:《基于价值链理论的外国光伏产业动态演进分析》,《福建论坛》2013 年第 2 期。

张世贤:《工业投资效率与产业结构变动的实证研究——兼与郭克莎博士商榷》,《管理世界》2000 年第 5 期。

张树中、胡海峰:《试论美国创业资本的退出机制》,《世界经济》2000 年第 1 期。

张巍钰:《中部地区金融发展与产业结构升级理论及实证研究》,湖南大学,2014。

张文文:《我国储蓄投资转化率的实证研究》,硕士学位论文,吉林财经大学,2016.

张学华、邬爱其:《产业集群演进阶段的定量判定方法研究》,《工业技术经济》2006 年第 4 期。

张耀辉:《产业创新的理论探索:高新技术产业发展规律研究》,中国计划出版社,2002。

张湧:《以全能银行为基础的德国企业融资模式评述》,《经济评论》2004 年第 1 期。

张震宇:《温州利率改革向市场化迈进的实践与探索》,《杭州金融研修学院学报》2007 年第 5 期。

赵绪福：《产业链视角下中国纺织原料发展研究》，博士学位论文，华中农业大学，2005。

郑长德：《当代西方微观金融理论的发展及其对中国金融学科建设的启示》，《西南民族大学学报》（人文社科版）2003年第10期。

中国人民银行岳阳市、常德市、娄底市、益阳市中心支行联合调查组：《信贷结构与经济发展匹配现状、成因及对策——来自长株潭辐射地区的实证调查》，《金融经济》2008年第22期。

周路明：《关注高科技"产业链"》，《深圳特区科技》2001年第11期。

周强：《基于全球价值链的青岛家电产业集群升级研究》，《市场周刊·理论研究》2006年第11期。

周晓艳、黄永明：《全球生产体系下台湾地区的个人计算机产业集群升级》，《当代亚太》2007年第1期。

周振华：《现代经济增长中的结构效应》，上海人民出版社，1995。

朱信凯、涂圣伟、杨顺江：《国际生物技术产业政策评论及对我国的启示》，《中国软科学》2005年第11期。

图书在版编目（CIP）数据

产业升级的银行支持／沙虎居，陈刚，吴晓露著
. -- 北京：社会科学文献出版社，2018.4
（中国地方社会科学院学术精品文库. 浙江系列）
ISBN 978-7-5201-2380-8

Ⅰ.①产… Ⅱ.①沙… ②陈… ③吴… Ⅲ.①区域经
济发展-金融支持-研究-浙江 Ⅳ.①F127.55
②F832.755

中国版本图书馆 CIP 数据核字（2018）第 044344 号

中国地方社会科学院学术精品文库·浙江系列

产业升级的银行支持

著　　者／沙虎居　陈　刚　吴晓露

出 版 人／谢寿光
项目统筹／宋月华　杨春花
责任编辑／孙以年

出　　版／社会科学文献出版社·人文分社（010）59367215
　　　　　　地址：北京市北三环中路甲 29 号院华龙大厦　邮编：100029
　　　　　　网址：www.ssap.com.cn
发　　行／市场营销中心（010）59367081　　59367018
印　　装／三河市尚艺印装有限公司

规　　格／开本：787mm×1092mm　1/16
　　　　　　印 张：13.75　字 数：169 千字
版　　次／2018 年 4 月第 1 版　2018 年 4 月第 1 次印刷
书　　号／ISBN 978-7-5201-2380-8
定　　价／98.00 元